막힌 영어, 뻥 뚫어주는 사이다 팟캐스트!
하이잉글리쉬 바나나영어

책상머리에 앉아 교재만 보는 지루한 학습은 이제 그만!
자투리 시간을 활용해서
휴대폰으로 또는 컴퓨터로
한번 들으면 빠져나올 수 없는 마성의 방송!

혼자하면 지겨운 영어,
팟캐스트로 재미있게 공부하세요!

바나나 팟캐스트 이용방법

PC로 방송듣기
1. 팟빵(www.podbbang.com)이나 아이튠즈(www.itunes.com) 사이트에 접속하세요.
2. 검색창에서 '하이잉글리쉬'를 검색하세요.

휴대폰으로 방송듣기
1. 앱스토어에서 '팟빵'을 검색하세요. (아이폰도 이용가능)
2. 앱을 설치하신 후, 검색창에서 '하이잉글리쉬'를 검색하세요.

'듣고 받아적기' 음원듣기
1. 하이잉글리쉬 카페(cafe.naver.com/hienglish)에 접속하세요.
2. 좌측 메뉴에서 '바나나 음원듣기'를 클릭하세요.

바로 나오는
나만의 영어 ①

윤주영 지음

기초
패턴편

바로 나오는 나만의 영어 ❶ 기초패턴편

지은이	윤주영
펴낸이	윤주영
참여자	장진경, 한진, 이윤정, Josh Lee, Arius Derr
펴낸곳	HiEnglish
펴낸날	2016년 11월 6일 초판 2쇄 발행
전화	(02) 335 1002
팩스	(02) 6499 0219
주소	서울 마포구 홍익로5안길 8
홈페이지	www.hienglish.com
이메일	broadcast1@hienglish.com
등록번호	제2005-000040호
ISBN	979-11-85342-22-1
	979-11-85342-21-4 (set)
Copyright	ⓒ 2017 HiEnglish
정가	14,000원

All rights reserved. No part of this publication may be reproduced, stored in a retrieval system, or transmitted in any form or by any means, electronic, mechanical, photocopying, recording, or otherwise, without the prior permission of the publisher.

PREFACE

써놓은 거 보면 다 아는 단어인데 말로는 안 나온다?
왜 그럴까요?

우선, 영어의 배열 방식을 몰라서 그렇습니다. 초보자들은 머리 속에 영어식 틀이 구축되어 있지 않기 때문에 이미 가지고 있는 모국어의 언어적 틀에다 머리 속에 떠오른 영어단어를 그냥 대입해서 말하곤 합니다. '아이 잉글리시 스피킹 노!'

우리말은 주격 조사, 목적격 조사가 있어서 이걸 어디에 갔다 두어도 주어, 목적어가 헷갈릴 일이 없지만 영어는 배열되는 순서에 따라 주어, 동사, 목적어가 결정되므로 이 순서를 모르고서는 영어를 말할 수 없습니다. 즉, 우리말은 '배고파.', '나 배고파.'라고 하거나 '배고파, 나.'라고 해도 모두 문장이 성립하지만 영어는 모든 문장에 주어가 있어야 하고 주어의 자리는 문장의 맨 앞으로 정해져 있으므로 I am hungry. 대신 Am hungry.나 Am hungry I.라고 하면 문장이 성립하지 않는다는 얘기죠.

또 한가지는 쉬운 동사 사용법을 몰라서 그렇습니다. 거창한 동사를 쓸 것만 같은 '나 MRI 찍었어.'나 '나 지금 통화 중이야.' 같은 문장도 I had an MRI., I'm on the phone.처럼 쉬운 단어로 구성되어 있습니다. 너무 쉬워서 허무할 지경이죠. 이렇게 have, give, take 같은 기본 동사는 우리가 알고 있는 뜻보다 훨씬 다양한 상황에서 쓰이고 up, down, in, out 같은 전치사와 결합하면 엄청나게 많은 수의 생생한 회화적 표현들을 만들어냅니다. 이런 기본동사들의 쓰임새와 조합의 원리를 모르고 어려운 단어를 계속 새로 외우고 있으니 영어회화가 어려울 수 밖에요.

『바로 나오는 나만의 영어』 시리즈는 앞서 말한 성인 영어학습자의 두 가지 근본적인 걸림돌을 제거하고 영어식 언어체계를 구축하기 위해 기획되었습니다. 성인학습자들은 이미 굳어진 모국어 언어체계의 간섭을 받기 때문에 머리 속에 떠오르는 생각은 일단 모국어를 거쳐서 영어로 나오는데, 머리 속에서 일어나는 이런 과정을 그대로 재현하기 위해 의미에 해당하는 부분은 우리말을 그대로 사용하였음을 밝혀 둡니다.

2017년 겨울
저자

CONTENTS

UNIT 01 — 그 사람 영화감독이야. He is a movie director.
11 [주어＋be 동사＋명사]

UNIT 02 — 그 사람 노래 잘 해. He is a good singer.
21 [주어＋be 동사＋형용사＋명사]

UNIT 03 — 소파 위에 개가 한 마리 있어. There's a dog on the sofa.
31 [There＋be 동사＋주어＋부사구]

UNIT 04 — 완전 짜증나. I'm so annoyed!
41 [주어＋be 동사＋형용사]

UNIT 05 — 샐러드 질렸어. I'm tired of salad.
51 [주어＋be 동사＋명사]

UNIT 06 — 만나서 반가워. It is nice to meet you.
61 [It＋be 동사＋형용사＋to-v]

UNIT 07 — 나 지루해졌어. I got bored.
71 [주어＋get＋형용사]

UNIT 08 — 그 사람 피곤해 보여. He looks tired.
81 [주어＋look＋형용사]

UNIT 09 — 그거 개구리같이 생겼어. It looks like a frog.
91 [주어＋look like＋명사]

UNIT 10 — 그 사람 밤새 코 골아. He snores all night.
101 [주어＋동사＋부사]

UNIT 11 나 유럽에 친구들하고 갔었어. I went to Europe with my friends.
111　[주어＋동사＋부사구]

UNIT 12 손이 안 닿아. I can't reach it.
121　[주어＋동사＋명사]

UNIT 13 그 사람한테 사인해달랬어. I asked him for an autograph.
131　[주어＋동사＋명사＋전치사＋명사]

UNIT 14 그 사람이 길 가르쳐줬어. He showed me the way.
141　[주어＋동사＋명사＋명사]

UNIT 15 술 끊었어. I stopped drinking.
151　[주어＋동사＋v-ing]

UNIT 16 하루 종일 자고 싶어. I want to sleep all day.
161　[주어＋동사＋to-v]

UNIT 17 조용히 좀 해. I want you to be quiet.
171　[주어＋동사＋명사＋to-v]

UNIT 18 그녀는 나를 웃게 해. She makes me smile.
181　[주어＋동사＋명사＋동사원형/형용사]

UNIT 19 술 마실 때마다. Every time he drinks, ~
191　[접속사＋주어＋동사, ~]

UNIT 20 그 사람 다리가 부러졌다고 들었어. I heard he broke his leg.
201　[주어＋동사＋(접속사)＋주어＋동사]

ABOUT THE BOOK

1 기본 구조 파악

문장의 기본 구조에 대한 간략한 설명과 사진을 보고 해당 문장의 구조를 파악합니다. Check up에 등장하는 간단한 문장 5개의 빈칸 채우기 문제를 풀다 보면 문장의 각 단어들을 배열시키는 핵심적인 역할을 하는 동사가 무엇인지 파악하게 됩니다.

2 집중 훈련

공통적인 구조를 취하는 10개의 짧은 문장들을 집중적으로 훈련합니다. 핵심적인 역할을 하는 동사 부분은 시각적으로 노출시켜 반복적으로 습득이 되도록 하였고 핵심 동사 이외 다른 정보에 대해서는 간단히 영작을 해볼 수 있는 기회를 제공하였습니다. 바로 뒷장에 나오는 영문과 대조하여 확인해 봅니다.

3 대화 적용

앞서 학습한 표현이 적용된 대화문이 제시됩니다. 영어 부분은 눈으로 보면서 말해보고 한글 부분은 앞에서 학습한 표현을 적용하여 영어로 바꿔 말해 봅니다. 다음 페이지에는 영어와 한글이 서로 바뀌어 제시되므로 반대방향으로 연습해 볼 수 있습니다. 두 사람이 서로 role play 방식으로 활용해도 좋습니다.

4 듣고 받아쓰기

해당 유닛에서 다루고 있는 핵심 패턴이 빈칸으로 제시됩니다. 아래 제시된 한글 해석을 보고 가볍게 음원을 들으면서 받아쓰기를 해볼 수 있습니다. 내용 중에 등장하는 유용한 표현들은 하단에 예문과 함께 자세한 설명이 제공됩니다.

＊음원듣기 : cafe.naver.com/hienglish

5 표현 확인

앞서 배운 표현 10개가 한글로 제시됩니다. 소리내어 영어로 말해본 후 앞으로 돌아가 해당번호의 영어표현과 대조해 봅니다. 바로 바로 입에서 나올 때까지 반복해서 말해봅니다.

UNIT 01

그 사람 영화감독이야.

He is a movie director.

01

기본구조 파악하기

주어의 신분이나 직업, 관계에 대해 말할 때 명사 앞에는 be 동사가 쓰입니다. 그런데 우리말 '~이다'에 해당하는 be 동사는 주어의 인칭과 수에 따라 자꾸 변신하기 때문에 영어 학습자들에겐 골칫거리예요. 방법 없냐구요? 주어와 be 동사를 그냥 덩어리째 외우세요. I am, You are, He is, She is, We are, They are가 각각 한 개의 긴 단어라고 생각하면 주어와 동사가 세트가 되니까 입에서 바로 나옵니다. 원어민들도 이렇게 하는 거라서 말이 빠른 거예요.

주어 ― be 동사 ― 명사
He   is   a movie director.

He is a movie director.

 다음 우리말을 영어로 말해보세요.

1 전 기자예요. _____ a journalist.

2 변호사이시죠, 맞죠? _____ a lawyer, right?

3 그녀는 국회의원이에요. _____ a lawmaker.

4 우리는 주부예요. _____ housewives.

5 그 사람들은 공무원이야. _____ government officials.

---

1 I am 2 You are 3 She is 4 We are 5 They are

집중 훈련하기

🔊 다음 우리말을 영어로 말해보세요. 🎧

01
내가 팀장이야.
I am _____.

02
너 채식주의자구나!
You are _____!

03
걔는 회사에서 왕따야.
He is _____.

04
그분 목사님이야.
He is _____.

05
그분 우리 장모님이셔.
She is _____.

02

 다음을 소리내어 말해보세요.

01
I am a team leader.

02
You are a vegetarian!

03
He is an outcast at work.

04
He is a minister.

05
She is my mother-in-law.

02

🔊 다음 우리말을 영어로 말해보세요. 🎧

06 싸이는 유명인사야.
Psy is _____.

07 데이빗은 회사 임원이야.
David is _____.

08 고객들은 직장인들이야.
Customers are _____.

09 저희는 그 사람 회사 동료예요.
We are _____.

10 그 사람들 중국 관광객들이야.
They are _____.

02

 다음을 소리내어 말해보세요.

06 **Psy is** a celebrity.

07 **David is** an executive at a company.

08 **Customers are** office workers.

09 **We are** his colleagues.

10 **They are** Chinese tourists.

03 대화 적용하기

다음 우리말을 영어로 말해보세요.

BANANA TALK

Christine: 변호사이시죠, 그렇죠?

Jake: Right. What do you do?

Christine: 저는 사업을 해요.

Jake: Oh, really? What kind of business?

Christine: I import and export movies.

Jake: Interesting. Tell me more about it!

🗣 다음 우리말을 영어로 말해보세요.

🍌 BANANA TALK 🍌

Christine
You are a lawyer, right?

Jake
맞아요. 그쪽은 무슨 일을 하세요?

Christine
I'm a businesswoman.

Jake
아, 정말요? 어떤 사업이요?

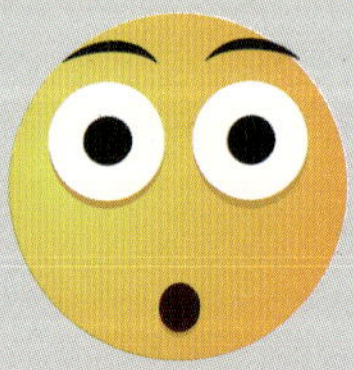

Christine
영화를 수입하고 수출하는 일을 하죠.

Jake
재밌네요. 얘기 좀 더 해주세요.

04
듣고 받아적기

 음원을 듣고 빈칸을 채워보세요.

I don't drink coffee I take tea, my dear
난 커피는 안 마셔요 홍차를 마시죠
I like my toast done on one side
난 한쪽만 구워진 토스트를 좋아해요
And you can hear it my accent when I talk
말할 때 내 말투로 알 수 있겠지만

| 1 |

난 뉴욕에 사는 영국인이에요
See me walking down Fifth Avenue
뉴욕 5번가를 걸어가는 나를 봐요
A walking cane here at my side
내 옆엔 지팡이가 있어요
I take it everywhere I walk
어딜 가도 이걸 가지고 다녀요

| 2 |

난 뉴욕에 사는 영국인이에요

| 3 |

난 이방인이에요

| 4 |

합법적 이방인이에요

| 5 |

난 뉴욕에 사는 영국인이에요

Vocabulary

● like one's toast done on one side 한쪽 면만 구워먹는 걸 좋아하다
● a walking cane 지팡이
● alien 외국인 체류자, 이방인, 외계인

1, 2, 5 I'm an Englishman in New York   3 I'm an alien   4 I'm a legal alien

05 표현 정리하기

 바로바로 나올 때까지 반복해보세요.

01 내가 팀장이야.

02 너 채식주의자구나!

03 걔는 회사에서 왕따야.

04 그분 목사님이야.

05 그분 우리 장모님이셔.

06 싸이는 유명인사야.

07 데이빗은 회사 임원이야.

08 고객들은 직장인들이야.

09 저희는 그 사람 회사 동료예요.

10 그 사람들 중국 관광객들이야.

UNIT 02

그 사람 노래 잘 해.

He is a good singer.

01 기본구조 파악하기

'날씨 한번 좋네요!'라는 말은 영어로 하면 Nice weather!가 되는데요, 이처럼 우리말은 '누구[무엇]가 어떠하다'인데 영어는 '어떠한 누구[무엇]이다'로 표현되는 경우가 많아요. 한국어는 어떤 말을 풀어서 서술하는 언어인데 비해 영어는 결과 중심으로 말하는 언어라서 그렇죠. 한국어 방식대로 영작을 하면 이상하게 어색한 이유 중 하나라고 할 수 있습니다.

주어	be 동사	형용사+명사
He	is	a good singer.

He is a good singer.

🔊 다음 우리말을 영어로 말해보세요. 🎧

1 그 사람 운전 잘 해.   _____ driver.
2 그 사람 말 잘 해.   _____ talker.
3 그 사람 사진 잘 찍어.   _____ photographer.
4 그 사람 요리 정말 못해.   _____ cook.
5 그 사람 거짓말 정말 못해.   _____ liar.

---

1 He is a good 2 He is a good 3 He is a good 4 He is a terrible 5 He is a terrible

02 집중 훈련하기

🔊 다음 우리말을 영어로 말해보세요. 🎧

01
그 사람 운이 좋아.
He is a lucky _____.

02
그 사람 새로 들어 왔어.
He is a new _____.

03
그 사람 일 빨리 배워.
He is a fast _____.

04
그 사람 입맛이 까다로워.
He is a picky _____.

05
그 사람 술 정말 잘 마셔.
He is a heavy _____.

02

🔊 다음을 소리내어 말해보세요.

01 He is a lucky guy.

02 He is a new comer.

03 He is a fast learner.

04 He is a picky eater.

05 He is a heavy drinker.

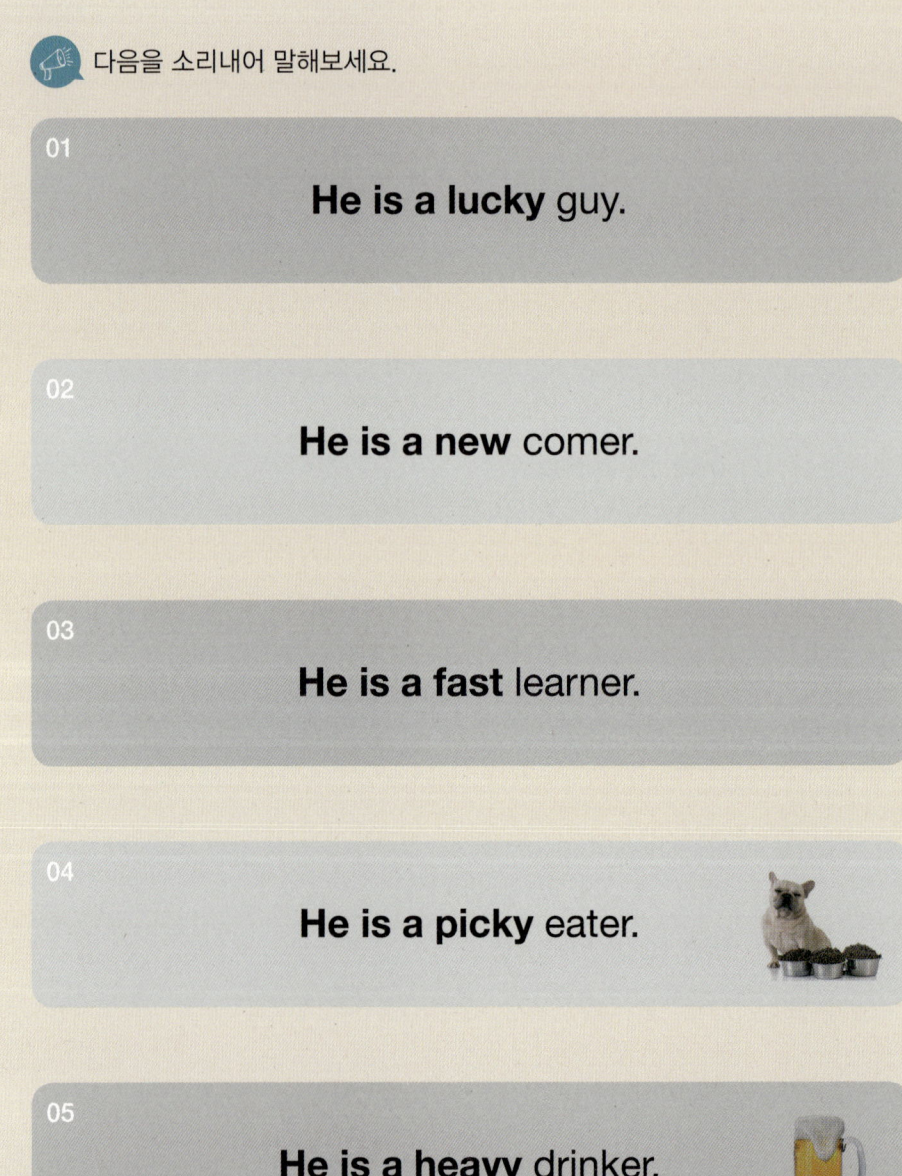

02

🔊 다음 우리말을 영어로 말해보세요. 🎧

06 그 사람 사람들하고 잘 어울려.
He is a good _____.

07 이 책 잘 나가.
This book is a best _____.

08 경치 좋네!
(This is a) Nice _____!

09 좋은 지적이야!
(This is a) Good _____!

10 사무실 참 좋네요!
(This is a) Nice _____!

02

다음을 소리내어 말해보세요.

06 **He is a good** mixer.

07 **This book is a best** seller.

08 (This is a) **Nice** view!

09 (This is a) **Good** point!

10 (This is a) **Nice** office!

03
대화 적용하기

🔊 다음 우리말을 영어로 말해보세요. 🎧

🍌 BANANA TALK 🍌

Christine: What's wrong? You look *terrified.

Jake: I just *took a ride in Dave's car.

Christine: Oh, no.
걔 운전 정말 못하는데!

Jake: *You can say that again.

Christine: 넌 운 좋은 거야.

Jake: I know. At least I'm alive.

---

*terrified 겁이 난 *take a ride ~을 타고 가다
*You can say that again. 상대의 말에 동의하는 말로. "네 말이 맞아." "두말하면 잔소리"의 의미.

Unit 02

🔊 다음 우리말을 영어로 말해보세요.

BANANA TALK

Christine: 왜 그래? 겁에 질린 거 같은데.

Jake: 방금 데이브 차를 탔어.

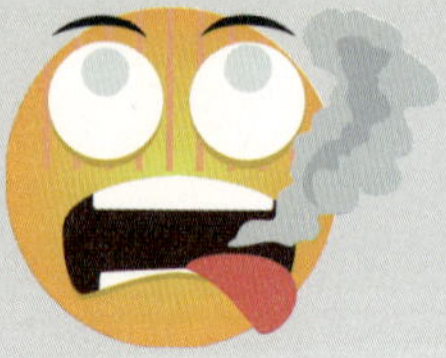

Christine: 저런. He is a terrible driver!

Jake: 네 말이 맞아.

Christine: You are a lucky man.

Jake: 알아. 최소한 살아는 있으니까.

04

듣고 받아적기

 음원을 듣고 빈칸을 채워보세요.

Oh yes 1
그래요, 난 훌륭한 연기를 하고 있어요
Pretending I'm doing well
아주 잘 지내는 척하죠
My need is such I pretend too much
그런 게 필요하다 보니 너무 연기를 잘하게 된 거예요

I'm lonely but no one can tell
난 너무 외로운데 아무도 못 알아채요
Oh yes 2
그래요, 난 훌륭한 연기를 하고 있어요
Adrift in a world of my own
나만의 세계를 떠돌며
I play the game But to my real shame
연기를 펼치고 있어요. 근데 아쉽게도
You've left me to dream all alone
당신은 홀로 꿈꾸기 위해 날 두고 떠났어요

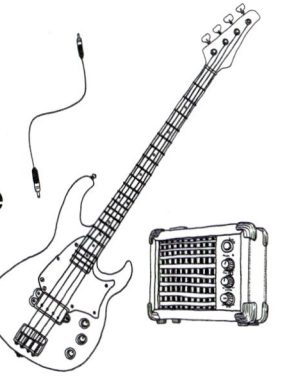

Vocabulary

- **pretend** ~인 척하다, 가식적으로 굴다
  He pretended to love her. 그는 그녀를 사랑하는 척했다.
- **tell** (정확히) 알다, 판단하다
  This is not an original. I can tell. 이건 원본이 아니야. 난 알 수 있어.
- **adrift** 표류하는, 방황하는
- **to my shame** 애석하게도, 창피하게도
  To my shame, I fell down in front of people. 창피하게도 어제 사람들 앞에서 넘어졌어.

1, 2 I'm the great pretender.

05
표현 정리하기

🔊 바로바로 나올 때까지 반복해보세요.

01   그 사람 운이 좋아.

02   그 사람 새로 들어 왔어.

03   그 사람 일 빨리 배워.

04   그 사람 입맛이 까다로워.

05   그 사람 술 세.

06   그 사람 사람들하고 잘 어울려.

07   이 책 잘 나가.

08   경치 좋네!

09   좋은 지적이야!

10   사무실 참 좋네요!

UNIT 03

소파 위에 개가 한 마리 있어.

There's a dog on the sofa.

기본구조 파악하기

There is[are]는 존재의 유무를 나타낼 때 쓰는 표현으로 '~이 있다'로 해석됩니다. 보통은 주어가 문장의 맨 앞에 오지만 There is[are]는 주어가 be 동사 뒤에 위치하는 것이 특징이에요. '있다, 없다'를 나타내는 표현이니 당연히 뒤에는 주어가 어디에 있는지를 말하는 장소를 나타내는 말들이 뒤따라 나옵니다. 사람이나 사물의 존재뿐 아니라 추상적인 상황이나 사건에도 쓸 수 있어요.

| There | — | be 동사 | — | 주어 | — | (부사구) |

There　　　　is　　　　a dog　　　on the sofa.

There's a dog on the sofa.

 다음 우리말을 영어로 말해보세요.

1 앞줄에 자리가 있어.　　　☐ a seat in the front row.

2 3층에 복사기가 있어.　　　☐ a copier on the third floor.

3 로비에 자판기가 있어.　　　☐ a vending machine in the lobby.

4 네 왼편에 출구가 있어.　　　☐ a way out on your left.

5 서랍에는 아무 것도 없어.　　☐ nothing in the drawer.

---

1 There's 2 There's 3 There's 4 There's 5 There's

집중 훈련하기

🔊 다음 우리말을 영어로 말해보세요. 🎧

01 길에 차가 막혀.
There's _____.

02 바닥에 카펫이 깔려 있어.
There's _____.

03 범퍼가 찌그러졌어.
There's _____.

04 계산서가 잘못 됐어.
There's _____.

05 프린터에 종이가 끼었어.
There's _____.

02

 다음을 소리내어 말해보세요.

01
There's a traffic jam on the road.

02
There's a carpet on the floor.

03
There's a dent on the bumper.

04
There's a mistake on the bill.

05
There's a paper jam in the printer.

🔊 다음 우리말을 영어로 말해보세요.

06 양말에 구멍 났어.
There's _____.

07 국에 머리카락 있어.
There's _____.

08 우리 가족은 4명이야.
There are _____.

09 우리 일행은 3명이야.
There are _____.

10 냉장고에 자리가 없어.
There's _____.

02

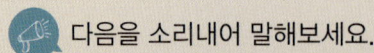 다음을 소리내어 말해보세요.

06
There's a hole in my socks.

07
There's a hair in my soup.

08
There are four members in our family.

09
There are three people in our party.

10
There's no room in the fridge.

03 대화 적용하기

🔊 다음 우리말을 영어로 말해보세요. 🎧

BANANA TALK

Christine: How long do we have to drive?

Jake: 차가 막혀서, so probably awhile.

Christine: But I'm starving. Can we stop for food?

Jake: Sure. 저기 샌드위치 가게가 있네.

Christine: I don't eat bread.

Jake: Then I guess you'll *keep starving.

*keep v-ing 계속 ~하다

🔊 다음 우리말을 영어로 말해보세요.

🍌 BANANA TALK 🍌

Christine: 얼마나 더 운전해 가야 해?

Jake: There's a traffic jam, 아마도 좀 걸릴 것 같아.

Christine: 그런데 나 배고파. 차 세우고 뭣 좀 먹을까?

Jake: 그러자. There's a sandwich place over there.

Christine: 난 빵 안 먹는데.

Jake: 그럼 넌 계속 배고플걸.

04
듣고 받아적기

 음원을 듣고 빈칸을 채워보세요.

1 _____ It's easy if you try
천국이 없다고 상상해 보세요. 해보면 쉬운 일이에요

No hell below us Above us only sky
우리 아래 지옥도 없고 오직 위에 하늘만 있다고

Imagine all the people living for today
모든 사람들이 오늘 하루를 충실하게 살아가는 모습을 상상해 보세요

2 _____ It isn't hard to do
국가라는 구분이 없다고 상상해 보세요. 어렵지 않아요

Nothing to kill or die for And no religion too
죽일 일도 없고 죽을 일도 없는. 종교도 없고요

Imagine all the people living life in peace
모든 사람들이 평화롭게 살아가는 걸 상상해 보세요

Vocabulary

- **die for** ~을 위해 목숨을 바치다
  Many people died for our country. 많은 사람들이 조국을 위해 목숨을 바쳤다.
- **in peace** 편안히, 평화롭게
  I hope they rest in peace. 그들이 평화롭게 잠들기를 바랍니다.

1 Imagine there's no heaven. 2 Imagine there's no country

05

표현 정리하기

 바로바로 나올 때까지 반복해보세요.

01 길에 차가 막혀.

02 바닥에 카펫이 깔려 있어.

03 범퍼가 찌그러졌어.

04 계산서가 잘못 됐어.

05 프린터에 종이가 끼었어.

06 양말에 구멍 났어.

07 국에 머리카락 있어.

08 우리 가족은 4명이야.

09 우리 일행은 3명이야.

10 냉장고에 자리가 없어.

UNIT 04

완전 짜증 나.

I'm so annoyed!

기본구조 파악하기

주어의 상태를 표현하는 형용사 중에는 tired, surprised 등과 같이 과거분사형처럼 생긴 것들도 있는데요. be 동사와 함께 쓰면 감정을 나타내는 서술어가 됩니다. 사람의 감정이 워낙 복잡하고 미묘한지라 감정을 나타내는 형용사 또한 종류가 다양하고, 같은 감정에서도 그 정도를 구분하여 그 정도가 심할 때는 so를, '그냥, 뭐, 약간, 좀 어떻다'라고 할 때는 a little을 씁니다.

주어	be 동사	형용사
I	am	so annoyed.

I'm so annoyed!

 다음 우리말을 영어로 말해보세요.

1 나 기분 완전 좋아.　　　　　　　happy.

2 나 진짜 미안해.　　　　　　　　sorry.

3 나 정말 화나.　　　　　　　　　angry.

4 나 좀 바빠.　　　　　　　　　　busy.

5 나 살짝 궁금해.　　　　　　　　curious.

1 I'm so 2 I'm so 3 I'm so 4 I'm a little 5 I'm a little

집중 훈련하기

🔊 다음 우리말을 영어로 말해보세요. 🎧

01 정말 피곤해.
I'm so _____.

02 너무 무서워.
I'm so _____.

03 진짜 스트레스 받아.
I'm so _____.

04 완전 떨려.
I'm so _____.

05 정말 감동받았어.
I'm so _____.

02

 다음을 소리내어 말해보세요.

01
I'm so tired.

02
I'm so scared.

03
I'm so stressed out.

04
I'm so nervous.

05
I'm so impressed.

02

🔊 다음 우리말을 영어로 말해보세요. 🎧

06 좀 우울해.
I'm a little _____.

07 살짝 헷갈려.
I'm a little _____.

08 약간 걱정 돼.
I'm a little _____.

09 좀 창피해.
I'm a little _____.

10 약간 실망했어.
I'm a little _____.

02

 다음을 소리내어 말해보세요.

06
I'm a little depressed.

07
I'm a little confused.

08
I'm a little worried.

09
I'm a little embarrassed.

10
I'm a little disappointed.

03
대화 적용하기

다음 우리말을 영어로 말해보세요.

🍌 BANANA TALK 🍌

Christine: Why are you late?

Jake: 정말 미안해. I *overslept.

Christine: You probably drank too much last night.

Jake: I know. 좀 창피해.

Christine: It's OK. We all got drunk last night.

Jake: Then, ready for round 2 tonight?

*oversleep 늦잠자다

Unit 04 47

🔊 다음을 소리내어 말해보세요.

🍌 BANANA TALK 🍌

Christine
왜 이렇게 늦었어?

Jake
I'm so sorry. 늦잠 잤어.

Christine
어제 밤에 많이 마셔서 그런 거구나.

Jake
알아. I'm a little embarrassed.

Christine
괜찮아. 어젯밤 우리 다 취했었어.

Jake
그럼, 오늘 2라운드 준비 됐어?

04

듣고 받아적기

 음원을 듣고 빈칸을 채워보세요.

She's gone out of my life
내 인생에서 그녀가 떠났어요

1 _____ I'm to blame
내가 잘못했어요 내 책임이에요

2 _____
난 너무나 진실하지 못했어요

I can't live without her love
그녀의 사랑 없인 살 수 없어요

Come back into my arms
내 품으로 다시 돌아와요

3 _____ I'm begging you
난 너무 외로워요 이렇게 빌게요

I'm down on my knees
무릎 꿇고

Forgive me, girl
그대여, 나를 용서해요

Vocabulary

- **be gone** 가버리다
- **be to blame** (~에 대한) 책임이 있다
  If anyone's to blame, it's me. 누가 책임을 져야 한다면 그건 나예요.
- **be down on one's knees** 무릎을 꿇다
  He went down on one knee and proposed to her.
  그는 한쪽 무릎을 꿇고 그녀에게 청혼했다.

---

1 I was wrong 2 I was so untrue 3 I'm so alone.

05

표현 정리하기

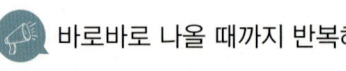 바로바로 나올 때까지 반복해보세요.

01 정말 피곤해.

02 너무 무서워.

03 진짜 스트레스 받아.

04 완전 떨려.

05 정말 감동받았어.

06 좀 우울해.

07 살짝 헷갈려.

08 약간 걱정 돼.

09 좀 창피해.

10 약간 실망했어.

UNIT 05

샐러드는 질렸어.

I'm tired of salad.

기본구조 파악하기

형용사 뒤에 우리말 '~을'에 대응하는 말을 추가하려면 of나 about 같은 특정 전치사 다음에 명사형을 연결해야 해요. 형용사 뒤에는 바로 명사가 올 수 없기 때문이지요. 이렇게 be tired of(~을 지겨워하다), be scared of(~을 무서워하다), be sure of(~을 확신하다), be crazy about(~을 미친 듯 좋아하다) 같이 많이 쓰는 표현은 그냥 길이가 긴 한 단어라고 생각하는 게 편해요.

주어	be 동사	형용사	전치사	명사
I	am	tired	of	salad.

I'm tired of salad.

다음 우리말을 영어로 말해보세요.

1. 닭가슴살은 질렸어요. I'm _____ chicken breasts.
2. 나는 쥐가 무서워. I'm _____ rats.
3. 한 가지는 확실해. I'm _____ one thing.
4. SF 영화라면 환장하지. I'm _____ sci-fi movies.
5. 어젯밤 일은 미안해. I'm _____ last night.

1 tired of 2 scared of 3 sure of 4 crazy about 5 sorry about

02

집중 훈련하기

🔊 다음 우리말을 영어로 말해보세요. 🎧

01 매일 같은 음식 지겨워.
I'm **tired of** _____.

02 매일 똑같은 일상 지겨워.
I'm **tired of** _____.

03 TV 광고들 지겨워.
I'm **tired of** _____.

04 나는 높은 데가 무서워.
I'm **scared of** _____.

05 나는 치과의사가 무서워.
I'm **scared of** _____.

02

 다음을 소리내어 말해보세요.

01
I'm **tired of** the same food every day.

02
I'm **tired of** the daily routine.

03
I'm **tired of** the commercials.

04
I'm **scared of** heights.

05
I'm **scared of** the dentist.

02

🔊 다음 우리말을 영어로 말해보세요. 🎧

06 난 무서운 게 없어.
I'm not **scared of** _____.

07 그 사람 치수는 확실히 모르겠어.
I'm not **sure of** _____.

08 드라마라면 환장하지.
I'm **crazy about** _____.

09 명품이라면 미치지.
I'm **crazy about** _____.

10 친구분 일은 유감이네요.
I'm **sorry about** _____.

02

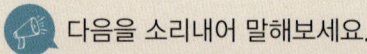 다음을 소리내어 말해보세요.

06 I'm not **scared of** anything.

07 I'm not **sure of** his size.

08 I'm **crazy about** soap operas.

09 I'm **crazy about** brand name products.

10 I'm **sorry about** your friend.

03 대화 적용하기

다음 우리말을 영어로 말해보세요.

다음 우리말을 영어로 말해보세요.

🍌 BANANA TALK 🍌

Christine: I'm scared of gaining weight.

Jake: 그렇지만 너 보기 좋아!

Christine: 아냐. 다이어트가 잘 안 되는 걸.

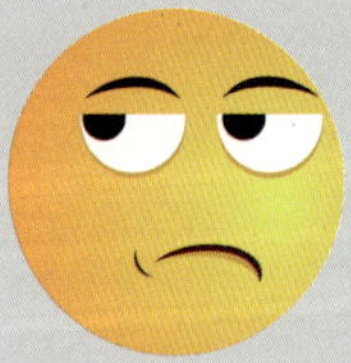

Jake: 왜?

Christine: I'm so tired of chicken breasts.

Jake: 음, 그러면 가서 햄버거나 사먹자.

04

듣고 받아적기

🔊 음원을 듣고 빈칸을 채워보세요.

And <u> 1   </u> **love songs**
이런 사랑 노래들 지겨워졌어

<u> 2   </u> **tears**
눈물 흘리는 것도 지겹고

So done with wishing you were still here
그래서 네가 여기에 있었음하고 바랐던 일도 이젠 끝이야

Said <u> 3   </u> **love songs, so sad and slow**
사랑 노래 지겹다고 너무 슬프고 느리잖아

So why can't I turn off the radio?
그런데 왜 난 라디오를 끄지 못하는 거지?

Vocabulary

● **be done with** ~가 끝난
   I'm done with her. 그 여자하고는 끝났어.
● **turn off** (전기, 기계 등을) 끄다
   Turn off the TV. It's past your bedtime. TV 꺼. 잘 시간 지났어.

---

1. I'm so sick of 2. So tired of 3. I'm so sick of

05

표현 정리하기

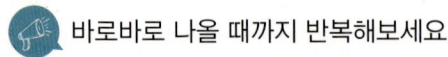
바로바로 나올 때까지 반복해보세요.

01 매일 같은 음식 지겨워.

02 매일 똑같은 일상 지겨워.

03 TV 광고들 지겨워.

04 나는 높은 데가 무서워.

05 나는 치과의사가 무서워.

06 난 무서운 게 없어.

07 그 사람 치수는 확실히 모르겠어.

08 드라마라면 환장하지.

09 명품이라면 미치지.

10 친구분 일은 유감이네요.

UNIT 06

만나서 반가워.
It is nice to meet you.

기본구조 파악하기

hard(힘든), easy(쉬운) 등의 형용사는 상황에 대한 의견이나 판단을 나타내기 때문에 보통 사람이 주어로 나오지 않아요. 그래서 상황이 주어가 됩니다. 근데 이 상황이란 것들은 사연이 많기 때문에 아무래도 길이가 길어지거든요, 그래서 길어진 주어를 문장 맨 뒤로 보내버리고 주어자리에 가짜 주어 it을 대신 써줍니다. 한편, 긴 주어 안에 있는 동사는 문장의 동사와 구별하기 위해 앞에 to를 붙여 〈to+동사원형〉 형태로 만드는데 이게 바로 to부정사라는 거예요. 우리말 '~하기'에 해당합니다.

| It | be 동사 | 형용사 | to-v |

It   is   nice   to meet you.

It is nice to meet you.

다음 우리말을 영어로 말해보세요.

1 숨쉬기가 힘들어.   breathe.

2 집중하기가 힘들어.   focus.

3 말은 쉽지.   say.

4 기억하기 쉬워.   remember.

5 말하는 게 더 나아.   talk.

---

1 It's hard to 2 It's hard to 3 It's easy to 4 It's easy to 5 It's better to

02 집중 훈련하기

🔊 다음 우리말을 영어로 말해보세요. 🎧

01 안 된다고 하긴 힘들어.
It's hard to _____.

02 살 빼기 힘들어.
It's hard to _____.

03 사람들 앞에서 말하는 건 힘들어.
It's hard to _____.

04 샘을 속이긴 쉬워.
It's easy to _____.

05 남 탓하긴 쉬워.
It's easy to _____.

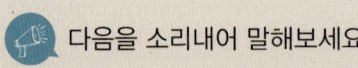 다음을 소리내어 말해보세요.

01
It's hard to say no.

02
It's hard to lose weight.

03
It's hard to speak in public.

04
It's easy to fool Sam.

05
It's easy to blame others.

02

🔊 다음 우리말을 영어로 말해보세요. 🎧

06 감기 걸리기 쉬워.
It's easy to _____.

07 직접 말하는 게 더 나아.
It's better to _____.

08 택시 타는 게 더 나아.
It's better to _____.

09 다시 만나서 반가워.
It's nice to _____.

10 네 목소리 들으니까 좋다.
It's nice to _____.

02

🔊 다음을 소리내어 말해보세요.

06
It's easy to catch a cold.

07
It's better to speak in person.

08
It's better to take a taxi.

09
It's nice to see you again.

10
It's nice to hear your voice.

03 대화 적용하기

다음 우리말을 영어로 말해보세요.

BANANA TALK

Jake: 요즘 친구 만나기 힘들어.

Christine: Are you busy at work?

Jake: My girlfriend always wants to travel.

Christine: 여자친구한테 말해보는 게 나을 거 같은데.

Jake: 말이 쉽지.

Christine: *That's why I'm single.

*that's why ~ 바로 그래서 ~하다

🔊 다음 우리말을 영어로 말해보세요.

🍌 BANANA TALK 🍌

Jake: It's hard to see friends these days.

Christine: 회사 일이 바빠서 그래?

Jake: 내 여자친구는 항상 여행가고 싶어하거든.

Christine: Maybe it's better to talk to her.

Jake: It's easy for you to say.

Christine: 그래서 내가 싱글이잖니.

듣고 받아적기

 음원을 듣고 빈칸을 채워보세요.

How do I say goodbye to what we had?
우리가 함께 했던 것들에 어떻게 안녕을 고하나요?

The good times that made us laugh
우리를 웃게 했던 좋은 시간들은

outweigh the bad
아픔도 잊게 하네요

I thought we'd get to see forever
우리는 영원히 볼 수 있을 거라 생각했는데

But forever's gone away
그 영원은 사라졌어요

1 _____ say goodbye to yesterday.
지난날에 안녕을 고하기는 너무 어렵네요.

Vocabulary

- **outweigh** ~보다 크다, 대단하다
  I think that quality outweighs quantity. 양보다 질이라고 생각해.
- **go away** 사라지다
  I'll be lonely if you go away. 네가 가고 나면 난 외로울 거야.

---

1 It's so hard to

05
표현 정리하기

 바로바로 나올 때까지 반복해보세요.

01 안 된다고 하긴 힘들어.

02 살 빼기 힘들어.

03 사람들 앞에서 말하는 건 힘들어.

04 샘을 속이긴 쉬워.

05 남 탓하긴 쉬워.

06 감기 걸리기 쉬워.

07 직접 말하는 게 더 나아.

08 택시 타는 게 더 나아.

09 다시 만나서 반가워.

10 네 목소리 들으니까 좋다.

UNIT 07

나 지루해졌어.
I got bored.

기본구조 파악하기

be 동사 뒤에 형용사가 오면 '(주어의 상태가) 어떠하다'는 의미로 정지되어 있는 느낌이지만, get 동사 뒤에 형용사가 오면 '어떤 상태가 되다' 혹은 '어떠한 상황에 놓이게 되다, 당하다'의 의미가 됩니다. 상태의 변화에 초점이 있게 되는 것이죠. 수동태 〈be 동사+과거분사〉구조에서도 be 동사를 대신해 get이 쓰일 수 있습니다.

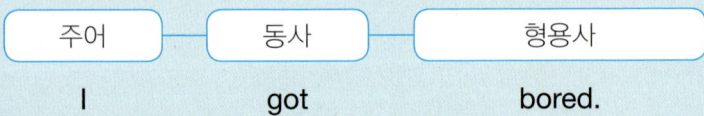

주어 — 동사 — 형용사
I   got   bored.

I got bored.

다음 우리말을 영어로 말해보세요.

1 길을 잃었어.   _____ lost.

2 화가 났어.   _____ mad.

3 다쳤어.   _____ hurt.

4 배고파졌어.   _____ hungry.

5 완전 다 젖었어. _____ all wet.

1 I got 2 I got 3 I got 4 I got 5 I got

72 바나나 - 기초패턴편

02 집중 훈련하기

🔊 다음 우리말을 영어로 말해보세요. 🎧

01 차멀미 했어.
I got _____.

02 열 받았어.
I got _____.

03 작년에 결혼했어.
I got _____.

04 올해 이혼했어.
I got _____.

05 손 데었어.
I got _____.

다음을 소리내어 말해보세요.

01

I got car sick.

02

I got steamed.

03

I got married last year.

04

I got divorced this year.

05

I got burned on my hand.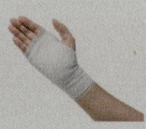

02

🔊 다음 우리말을 영어로 말해보세요. 🎧

06 햇볕에 탔어.
I got _____.

07 첫 질문에서 막혔어.
I got _____.

08 교통체증에 걸렸어.
I got _____.

09 나 오늘 월급 탔어.
I got _____.

10 나 승진했어.
I got _____.

다음을 소리내어 말해보세요.

06
I got sunburned.

07
I got stuck on the first question.

08
I got stuck in a traffic jam.

09
I got paid today.

10
I got promoted.

03 대화 적용하기

다음 우리말을 영어로 말해보세요.

🔊 다음 우리말을 영어로 말해보세요.

🍌 BANANA TALK 🍌

Christine
늦어서 미안해.
I got lost.

Jake
Mr. Sanders got mad at you.

Christine
오는 길에 일이 좀 있었어.

Jake
무슨 일이 있었는데? 자세히 말해 봐.

Christine
I *almost got hit by a truck.

Jake
Really? You didn't get hurt?

*almost ~할 뻔하다

04

듣고 받아적기

 음원을 듣고 빈칸을 채워보세요.

An empty street, an empty house
텅 빈 거리, 텅 빈 집

A hole inside my heart
구멍 난 내 마음

I'm all alone The rooms are
난 완전히 홀로 있고 이 방은 자꾸 작아져만 가요

I wonder how, I wonder why
어떻게, 왜 그렇게 됐는지 모르겠어요

I wonder where they are
다 어디로 간 걸까요

The days we had, the songs we sang together
우리가 함께 한 날들, 우리가 함께 했던 노래들 말이에요

Vocabulary

- **empty** 텅 빈
- **get smaller** 점점 더 작아지다
  Let's go inside. It's getting cold. 안으로 들어가자. 점점 추워진다.

---

1 getting smaller

05
표현 정리하기

 바로바로 나올 때까지 반복해보세요.

01 차멀미 했어.

02 열 받았어.

03 작년에 결혼했어.

04 올해 이혼했어.

05 손 데었어.

06 햇볕에 탔어.

07 첫 질문에서 막혔어.

08 교통체증에 걸렸어.

09 나 오늘 월급 탔어.

10 나 승진했어.

UNIT 08

그 사람 피곤해 보여.

He looks tired.

기본구조 파악하기

Look at him.은 '그 사람을 보라.'는 말이지만 He looks angry.처럼 뒤에 형용사형이 오면 '그 사람이 화가 나 보인다.'는 뜻이 돼요. 보고(look), 듣고(sound), 냄새 맡고(smell), 맛보고(taste), 느끼는(feel) 오감동사는 모두 형용사와 결합할 수도 있는데 이때는 '어떠해 보인다', '어떻게 들린다', '어떤 냄새가 난다', '어떤 맛이 난다', '어떤 느낌이 든다'는 의미가 됩니다.

주어 — 동사 — 형용사
He   looks   tired.

He looks tired.

다음 우리말을 영어로 말해보세요.

1 너 낯이 익은데.   You _____ familiar.

2 나 아주 편안해.   I _____ very comfortable.

3 그거 민트향이 나.   It _____ minty.

4 그거 맛이 꽤 괜찮아.   It _____ pretty good.

5 그거 소리가 이상해.   It _____ funny.

1 look 2 feel 3 smells 4 tastes 5 sounds

집중 훈련하기

🔊 다음 우리말을 영어로 말해보세요. 🎧

01
넌 나이에 비해 어려 보여.
You **look** _____.

02
넌 빨간 색이 잘 어울리네.
You **look** _____.

03
그 사람 참 안됐더라구.
I **feel** _____.

04
나 이제 기분이 좀 낫네.
I **feel** _____.

05
너 수상해.
You **smell** _____.

02

 다음을 소리내어 말해보세요.

01
You **look** young for your age.

02
You **look** great in red.

03
I **feel** sorry for him.

04
I **feel** better now.

05
You **smell** fishy.

02

🔊 다음 우리말을 영어로 말해보세요. 🎧

06 맛있는 냄새가 나.
It **smells** _____.

07 그거 신 맛 나.
It **tastes** _____.

08 매운 맛이 나.
It **tastes** _____.

09 말도 안 되는 소리야.
It **sounds** _____.

10 좋은 생각이네.
It **sounds** _____.

02

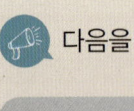 다음을 소리내어 말해보세요.

06
It **smells** delicious.

07
It **tastes** sour.

08
It **tastes** spicy.

09
It **sounds** ridiculous.

10
It **sounds** good.

03 대화 적용하기

다음 우리말을 영어로 말해보세요.

BANANA TALK

Christine: 낯이 익은데. Do I know you?

Jake: No, I don't think so.

Christine: Aren't you Jake? This is Christine.

Jake: Oh, Christine! I didn't recognize you.

Christine: How are you?

Jake: I just got a new job. 그래서 기분 좋아.

03

다음 우리말을 영어로 말해보세요.

BANANA TALK

Christine
You look familiar.
저 알아요?

Jake
아뇨, 아닐 걸요.

Christine
제이크 아니에요? 나 크리스틴이야.

Jake
아, 크리스틴! 못 알아봤어.

Christine
잘 지내?

Jake
새로 일자리 구했거든. So I feel great.

04

듣고 받아적기

 음원을 듣고 빈칸을 채워보세요.

It's late in the evening
늦은 밤이에요

She's wondering what clothes to wear
그녀는 뭘 입을지 생각하고 있죠

She puts on her make-up and brushes her long blonde hair
그녀는 화장을 하고 긴 금발머리를 빗어요

And then she asks me, 1 _____
그리고 나에게 묻죠. "나 괜찮아요?"

And I say,
그럼 전 이렇게 말하죠

'Yes, 2 _____ tonight.'
"네, 오늘밤 당신 정말 아름다워요."

Vocabulary

- **wonder** ~이 어떨까 생각하다
  I wonder who he is. 그가 누군지 궁금하다.
- **put on make-up** 화장하다
  She put on light make-up. 그녀는 연하게 화장을 했다.

1 Do I look all right? 2 you look wonderful

05 표현 정리하기

 바로바로 나올 때까지 반복해보세요.

01 넌 나이에 비해 어려 보여.

02 넌 빨간 색이 잘 어울리네.

03 그 사람 참 안됐더라구.

04 나 이제 기분이 좀 낫네.

05 너 수상해.

06 맛있는 냄새가 나.

07 그거 신 맛 나.

08 매운 맛이 나.

09 말도 안 되는 소리야.

10 좋은 생각이네.

UNIT 09

그거 개구리같이 생겼어.

It looks like a frog.

01

기본구조 파악하기

보고(look), 듣고(sound), 냄새 맡고(smell), 맛보고(taste), 느끼는(feel) 오감동사 뒤에는 보통 형용사가 오는데 명사가 오려면 어떻게 할까요? 이때는 〈전치사 like + 명사〉의 형태가 되는데요, 이때는 '~같이 보인다', '~같이 들린다', '~같은 냄새가 난다', '~같은 맛이 난다', '~같은 느낌이 든다'는 뜻이에요.

| 주어 | 동사 | like | 명사 |
| It | looks | like | a frog. |

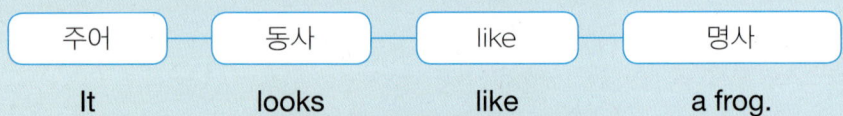

It looks like a frog.

🔊 다음 우리말을 영어로 말해보세요. 🎧

1 그거 발냄새 나.   It _____ feet.

2 그거 딸기맛 나.   It _____ strawberries.

3 그거 천둥소리 같은데.   It _____ thunder.

4 그거 감촉이 꼭 실크 같아.   It _____ silk.

5 그거 바로 어제일 같아.   It _____ yesterday.

1 smells like 2 tastes like 3 sounds like 4 feels like 5 seems like

02 집중 훈련하기

다음 우리말을 영어로 말해보세요.

01 심장마비로 보여.
It **looks like** _____.

02 비가 올 것 같아.
It **looks like** _____.

03 그거 비누 냄새 같은 게 나.
It **smells like** _____.

04 너한테 담배 냄새 나.
You **smell like** _____.

05 그거 돼지고기 맛 나.
It **tastes like** _____.

02

다음을 소리내어 말해보세요.

01
It **looks like** a heart attack.

02
It **looks like** rain.

03
It **smells like** soap.

04
You **smell like** cigarette.

05
It **tastes like** pork.

02

🔊 다음 우리말을 영어로 말해보세요. 🎧

06 그거 훈제 연어 맛 나.
It tastes like _____.

07 그거 무지 재밌겠는데.
It sounds like _____.

08 모차르트 음악 같은데.
It sounds like _____.

09 차가운 맥주 한 잔 하고 싶네.
I feel like _____.

10 나 영화배우가 된 거 같아.
I feel like _____.

02

 다음을 소리내어 말해보세요.

06
It **tastes like** smoked salmon.

07
It **sounds like** a lot of fun.

08
It **sounds like** Mozart.

09
I **feel like** a cold beer.

10
I **feel like** a movie star.

03 대화 적용하기

다음 우리말을 영어로 말해보세요.

🍌 BANANA TALK 🍌

Christine: I got a present for you. Guess what it is?

Jake: 재밌겠다! Give me a hint.

Christine: OK. 뱀같이 생겼어.

Jake: Is it a tie?

Christine: No, it's made of *leather.

Jake: I got it. It's a belt!

*leather 가죽

🔊 다음 우리말을 영어로 말해보세요.

🍌 BANANA TALK 🍌

Christine: 너한테 줄 선물 있는데. 뭔지 맞혀 봐.

Jake: Sounds like fun! 힌트 좀 줘 봐.

Christine: 알았어. It looks like a snake.

Jake: 넥타이야?

Christine: 아냐. 가죽으로 된 거야.

Jake: 알았다. 벨트구나!

04

듣고 받아적기

 음원을 듣고 빈칸을 채워보세요.

And the piano, ¹ _____
그리고 그 피아노는 축제처럼 들리지

and ² _____
그리고 마이크에서는 맥주 냄새가 나

And they sit at the bar and put bread in my jar
그리고 그들은 바에 앉아서 내 병에 팁을 집어 넣으며 얘기 해

and say, "Man, what are you doing here?"
"이 사람아, 여기서 뭐 하는 거야."

Sing us a song You're the piano man
노래 한 곡 불러주게 자네는 피아노맨이니

Sing us a song tonight
오늘밤 노래 한 곡 불러주게

Well we're all in the mood for a melody
우리 모두 노래를 듣고 싶어

And you've got us feeling alright
자네는 우릴 기분 좋게 해줘왔잖아

Vocabulary

- **jar** 병, (물) 항아리
- **bread** 빵 (구식 속어로 돈)
- **be in the mood for** ~할 기분이 나다
  I'm in the mood for Italian food tonight. 오늘 저녁엔 이태리 요리를 먹고 싶어.

1 it sounds like a carnival 2 the microphone smells like a beer

05 표현 정리하기

 바로바로 나올 때까지 반복해보세요.

01 심장마비로 보여.

02 비가 올 것 같아.

03 그거 비누 냄새 같은 게 나.

04 너한테 담배 냄새 나.

05 그거 돼지고기 맛 나.

06 그거 훈제 연어 맛 나.

07 그거 무지 재밌겠는데.

08 모차르트 음악 같은데.

09 차가운 맥주 한 잔 하고 싶네.

10 나 영화배우가 된 거 같아.

UNIT 10

그 사람 밤새 코 골아.
He snores all night.

01

기본구조 파악하기

'코를 골다', '재채기를 하다', '잠을 자다', '피를 흘리다', '숨을 쉬다', '기침을 하다' 같이 인간 본능에 관련된 표현 중에는 snore, sneeze, sleep, bleed, breathe, cough 같이 뒤에 목적어를 수반하지 않고 동사 하나로 쓰는 경우가 많아요. 주어 스스로가 움직이는 것이니 동작의 대상인 목적어가 불필요하기 때문이죠. 대신에 시간, 장소, 방법 등을 나타내는 부사 수식어구가 잘 따라 나온다는 사실도 기억해두세요.

주어 — 동사 — 부사
He   snores   all night.

He snores all night.

🔊 다음 우리말을 영어로 말해보세요. 🎧

1 그 사람 기침하고 있어.   He is _____.

2 그 사람 재채기하고 있어.   He is _____.

3 그 사람 땀 흘리고 있어.   He is _____.

4 그 사람 숨 쉬고 있어.   He is _____.

5 그 사람 피를 흘리고 있어.   He is _____.

1 coughing 2 sneezing 3 sweating 4 breathing 5 bleeding

집중 훈련하기

🔊 다음 우리말을 영어로 말해보세요. 🎧

01
그 사람 기침을 많이 해.
He **coughs** _____.

02
그 사람 아침 내내 재채기해.
He **sneezes** _____.

03
그 사람 항상 땀을 흘려.
He **sweats** _____.

04
그 사람 하루 종일 자.
He **sleeps** _____.

05
그 사람 일주일 내내 술 마셔.
He **drinks** _____.

02

 다음을 소리내어 말해보세요.

01
He **coughs** a lot.

02
He **sneezes** all morning.

03
He **sweats** all the time.

04
He **sleeps** all day.

05
He **drinks** all week.

02

🔊 다음 우리말을 영어로 말해보세요. 🎧

06 그 (아기)는 밤마다 울어.
He **cries** _____.

07 그 사람은 말이 너무 많아.
He **talks** _____.

08 그 사람은 어색하게 웃었어.
He **smiled** _____.

09 그가 큰 소리로 웃었어.
He **laughed** _____.

10 그 사람이 기지개를 켜고 하품했어.
He **stretched** and _____.

02

 다음을 소리내어 말해보세요.

06
He **cries** every night.

07
He **talks** too much.

08
He **smiled** awkwardly.

09
He **laughed** loudly.

10
He **stretched** and yawned.

03 대화 적용하기

다음 우리말을 영어로 말해보세요.

*(같은 경험을 해봐서) 무슨 말인지 안다는 뜻

🔊 다음 우리말을 영어로 말해보세요.

🍌 BANANA TALK 🍌

Jake: 커피 한 잔 더 할래? 피곤해 보여.

Christine: 우리 남편 때문에 그래.
He snored all night.

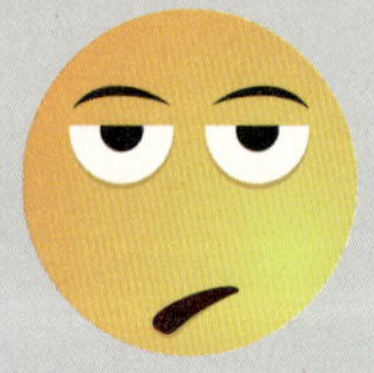

Jake: 옆으로 자면 도움이 된다고 들었는데.

Christine: 그럴지도 몰라. 근데
He drinks every day.

Jake: 그러면 코골이가 문제가 아니네.

Christine: 내 말이 그 말이야.

04 듣고 받아적기

 음원을 듣고 빈칸을 채워보세요.

When [1]_____ When [2]_____
당신이 미소 지으면 당신이 미소 지으면

The whole world smiles with you
온 세상이 함께 미소 짓고

When [3]_____ when [4]_____
당신이 웃으면 당신이 웃으면

The sun comes shining through
해가 밝게 빛나죠

But when [5]_____ you bring on the rain
하지만 당신이 울고 있으면 당신이 비를 오게 하니까

So stop your sighing Be happy again
한숨을 거두고 다시 행복해지세요

Keep on smiling because when [6]_____
계속 웃어요 당신이 미소 지으면

The whole world smiles with you
온 세상이 함께 웃을 테니까요

Vocabulary

- **shine through** 빛을 발하다
- **bring (something) on** ~을 야기하다, 초래하다
  Stress can bring on a heart attack. 스트레스는 심장마비를 일으킬 수 있다.
- **sigh** 한숨 쉬다, 한숨
  She sighed in relief. 그녀는 안도의 한숨을 쉬었다.

05 표현 정리하기

 바로바로 나올 때까지 반복해보세요.

01 그 사람 기침을 많이 해.

02 그 사람 아침 내내 재채기해.

03 그 사람 항상 땀을 흘려.

04 그 사람 하루 종일 자.

05 그 사람 일주일 내내 술 마셔.

06 그 (아기)는 밤마다 울어.

07 그 사람은 말이 너무 많아.

08 그 사람은 어색하게 웃었어.

09 그가 큰 소리로 웃었어.

10 그 사람이 기지개를 켜고 하품했어.

UNIT 11

나 유럽에 친구들하고 갔었어.
I went to Europe with my friends.

기본구조 파악하기

사람의 본성에 관련된 행동뿐 아니라 왕래발착, 존재, 자연현상에 관련된 arrive(도착하다), live(살다), rain(비가 오다) 같은 동사들도 뒤에 목적어를 두지 않습니다. 대신 시간, 장소, 방법 등을 나타내는 부사를 쓰는데요, 부사 역할을 하는 단어에는 early, here, heavily 같은 부사도 있지만 〈전치사+명사〉로 이루어진 부사구도 있어요.

| 주어 | 동사 | 부사구 |
| I | went | to Europe with my friends. |

I went to Europe with my friends.

다음 우리말을 영어로 말해보세요.

1 나는 5시에 도착했어.   I ____ at 5.

2 내가 그 사람보다 먼저 출발했어.   I ____ before him.

3 나는 내 차 타고 왔어.   I ____ in my car.

4 나는 중국에서 1995년까지 살았어.   I ____ in China until 1995.

5 아침부터 비가 왔어.   It ____ from this morning.

---

1 arrived 2 left 3 came 4 lived 5 rained

집중 훈련하기

다음 우리말을 영어로 말해보세요.

01 그건 밤에 나타나.
It **appears** _____.

02 나 하루 종일 집에 있었어.
I **stayed** _____.

03 그 단어는 한국말에 없어.
The word doesn't **exist** _____.

04 그 배터리는 5시간 가.
The battery **lasts** _____.

05 그 가게는 월요일부터 금요일까지 열어.
The store **opens** _____.

02

🔊 다음을 소리내어 말해보세요.

01
It **appears** at night.

02
I **stayed** at home all day.

03
The word doesn't **exist** in Korean.

04
The battery **lasts** for 5 hours.

05
The store **opens** from Monday to Friday.

02

🔊 다음 우리말을 영어로 말해보세요. 🎧

06 그 은행 일요일에 문 닫아.
The bank **closes** _____.

07 개 한 마리가 땅바닥에 드러누워 있어.
A dog is **lying** _____.

08 고양이가 테이블 밑에 앉아 있어.
A cat is **sitting** _____.

09 비행기가 구름 위로 날고 있어.
A plane is **flying** _____.

10 경찰이 차 옆에 서 있어.
A policeman is **standing** _____.

다음을 소리내어 말해보세요.

06
The bank **closes** on Sundays.

07
A dog is **lying** on the ground.

08
A cat is **sitting** under the table.

09
A plane is **flying** over the clouds.

10
A policeman is **standing** by the car.

03 대화 적용하기

다음 우리말을 영어로 말해보세요.

🍌 BANANA TALK 🍌

Christine: You finally got the *laptop!

Jake: Yes, 5시간이나 줄 서서 기다렸어.

Christine: 5 hours? I can't believe it. Is it that good?

Jake: 배터리가 24시간 간다고!

Christine: Really? That's a long time.

Jake: Also I bought it at half price.

*laptop 노트북

🔊 다음 우리말을 영어로 말해보세요.

BANANA TALK

Christine: 드디어 그 노트북 샀구나!

Jake: 그래. I *waited in line for 5 hours.

Christine: 5시간이나? 말도 안돼. 그게 그렇게 좋아?

Jake: The battery lasts for 24 hours!

Christine: 정말로? 길긴 하네.

Jake: 그리고 반 값에 샀어.

*wait in line 줄 서서 기다리다

04 듣고 받아적기

 음원을 듣고 빈칸을 채워보세요.

It's ¹ _____   It's ² _____
비가 오고 있어요. 비가 쏟아지고 있어요

The old man is ³ _____
그 노인이 코를 골고 있어요

⁴ _____ and he bumped his head
자러 가다가 머리를 부딪혀서

He couldn't ⁵ _____
아침에 못 일어났어요

Vocabulary

- **pour** 비가 쏟아지다, (음료 등을) 따르다
- **snore** 코를 골다
- **bump** (~에 신체 일부를) 부딪치다, 찧다
  Be careful not to bump your head. 머리 부딪치지 않게 조심해.
- **go to bed** 자러 가다

1 raining 2 pouring 3 snoring 4 Went to bed 5 get up in the morning

표현 정리하기

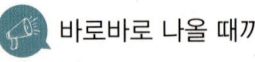 바로바로 나올 때까지 반복해보세요.

01 그건 밤에 나타나.

02 나 하루 종일 집에 있었어.

03 그 단어는 한국말에 없어.

04 그 배터리는 5시간 가.

05 그 가게는 월요일부터 금요일까지 열어.

06 그 은행 일요일에 문 닫아.

07 개 한 마리가 땅바닥에 드러누워 있어.

08 고양이가 테이블 밑에 앉아 있어.

09 비행기가 구름 위로 날고 있어.

10 경찰이 차 옆에 서 있어.

UNIT 12

손이 안 닿아.
I can't reach it.

01

기본구조 파악하기

I like computer game.처럼 동작의 대상이 되는 목적어는 보통 우리말 '~을'로 해석되지만 그렇지 않은 경우도 있어요. 우리말 '~와 결혼하다', '~에 (손이) 닿다', '~에 참석하다', '~에게 전화하다', '~에 들어가다', '~에 대답하다'에 대응하는 영어 동사 marry, reach, attend, call, enter, answer는 우리말 때문에 뒤에 to나 into 같은 전치사를 수반할 것 같지만 명사만 단독으로 옵니다.

주어	동사	명사
I	can't reach	it.

I can't reach it.

다음 우리말을 영어로 말해보세요.

1 나는 일본여자와 결혼했어. I _____ a Japanese woman.

2 어제 너한테 전화했어. I _____ you yesterday.

3 나는 직원 회의에 참석했어. I _____ the staff meeting.

4 그는 올해 대학에 들어갔어. He _____ the university this year.

5 내가 묻고 있잖아. 대답해. I'm _____ you. _____ me.

1 married 2 called 3 attended 4 entered 5 asking, Answer

02 집중 훈련하기

🔊 다음 우리말을 영어로 말해보세요. 🎧

01 나는 일요일마다 예배에 참석해.
I attend _____.

02 아까 너한테 전화했었어.
I called you _____.

03 그녀는 작년에 변호사와 결혼했어.
She married _____.

04 까치발 하면 상자에 닿을 수 있어.
I can reach _____.

05 방에 한 사람씩 들어가.
Enter _____.

Unit 12

02

 다음을 소리내어 말해보세요.

01
I **attend** church on Sundays.

02
I **called** you earlier.

03
She **married** a lawyer last year.

04
I can **reach** the box on my tiptoes.

05
Enter the room one by one.

02

🔊 다음 우리말을 영어로 말해보세요. 🎧

06 아직 그 이메일에 답장 안 했어.
I didn't **answer** _____.

07 나 복권에 당첨됐어!
I **won** _____!

08 엘리베이터까지 바래다 줄게.
I'll **walk** _____.

09 화분에 매일 물 줘야 해.
You should **water** _____.

10 그거 구글에서 검색해 봐.
Google _____.

02

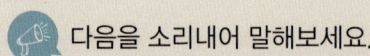 다음을 소리내어 말해보세요.

06
I didn't **answer** the email yet.

07
I **won** the lottery!

08
I'll **walk** you to the elevator.

09
You should **water** the plant every day.

10
Google it.

03
대화 적용하기

다음 우리말을 영어로 말해보세요.

🔊 다음 우리말을 영어로 말해보세요.

🍌 BANANA TALK 🍌

Christine
어제 너 연락이 안 되더라.

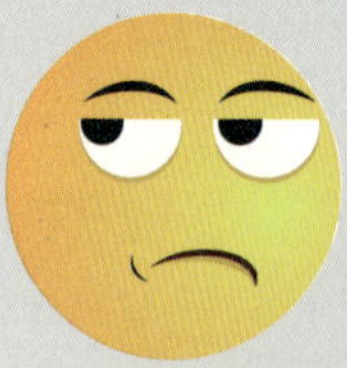

Jake
미안해. I attended a wedding.

Christine
아, 그래? 누가 결혼했는데?

Jake
동료가. He married an American.

Christine
잘됐네. 여자는 예뻐?

Jake
그는 분명 그렇게 생각하는 거 같아.

04

듣고 받아적기

 음원을 듣고 빈칸을 채워보세요.

It's a beautiful night
아름다운 밤이죠

We're looking for something dumb to do
우린 뭔가 바보 같은 일을 찾고 있어요

Hey, baby I think [1]
내 사랑, 나는 당신과 결혼하고 싶은 것 같아요

Is it the look in your eyes?
당신의 눈빛 때문인가요?

Or is it this dancing juice?
아니면 이 술 때문인가요?

Who cares, baby
무슨 상관이에요, 내 사랑

I think [2]
난 당신과 결혼하고 싶은 거 같아요.

Vocabulary

- **something dumb** 바보 같은 짓
  That's a pretty dumb thing to do. 그건 아주 바보 같은 짓이야.
- **dancing juice** 술 (일어나 춤추고 싶게 만든다 해서 붙여진 이름)

1, 2 I want to marry you

05

표현 정리하기

🔊 바로바로 나올 때까지 반복해보세요.

01 나는 일요일마다 예배에 참석해.

02 아까 너한테 전화했었어.

03 그녀는 작년에 변호사와 결혼했어.

04 까치발 하면 상자에 닿을 수 있어.

05 방에 한 사람씩 들어가.

06 아직 그 이메일에 답장 안 했어.

07 나 복권에 당첨됐어.

08 엘리베이터까지 바래다 줄게.

09 화분에 매일 물 줘야 해.

10 그거 구글에서 검색해 봐.

UNIT 13

그 사람한테 사인해달랬어.

I asked him for an autograph.

기본구조 파악하기

목적어 명사를 데리고 다니는 동사 중에는 목적어 뒤에 〈전치사+명사〉를 수반하여 마치 한 세트처럼 움직이게 하는 것들이 있어요. 이 전치사들은 to, of, with 등 다양하지만 여기서는 회화할 때 많이 쓰는 ask A for B(A에게 B를 요구하다), thank A for B(B에 대해 A에게 감사하다), pay A for B(A를 지불하여 B를 사다)에 대해서만 연습해 볼게요.

주어	동사	명사	전치사	명사
I	asked	him	for	an autograph.

I asked him for an autograph.

🔊 다음 우리말을 영어로 말해보세요. 🎧

1 그에게 도와달라고 했어.   I ___ him ___ help.

2 전화 주셔서 감사해요.   ___ you ___ calling.

3 여기까지 들어주셔서 고맙습니다.   ___ you ___ your attention.

4 이 가방 사는 데 50달러 줬어.   I ___ 50 dollars ___ this bag.

5 그거 사는 데 돈 많이 줬어.   I ___ a lot ___ it.

1 asked, for 2 Thank, for 3 Thank, for 4 paid, for 5 paid, for

02 집중 훈련하기

다음 우리말을 영어로 말해보세요.

01 그에게 물 한 잔 달라고 했어.
I asked _____ for _____.

02 그에게 길을 물어봤어.
I asked _____ for _____.

03 그 사람한테 잔돈 좀 달라고 했어.
I asked _____ for _____.

04 시간 내줘서 고마워.
Thank _____ for _____.

05 와줘서 고마워.
Thank _____ for _____.

02

 다음을 소리내어 말해보세요.

01
I asked him **for** water.

02
I asked him **for** directions.

03
I asked him **for** some change.

04
Thank you **for** your time.

05
Thank you **for** coming.

02

🔊 다음 우리말을 영어로 말해보세요. 🎧

06 태워줘서 고마워.
Thank _____ **for** _____.

07 수고해줘서 고마워.
Thank _____ **for** _____.

08 차 사는 데 현찰 줬어.
I paid _____ **for** _____.

09 그거 사는 데 15달러 줬어.
I paid _____ **for** _____.

10 배송료로 3,000원 냈어.
I paid _____ **for** _____.

다음을 소리내어 말해보세요.

06

Thank you **for** the ride.

07

Thank you **for** your trouble.

08

I **paid** hard cash **for** the car.

09

I **paid** 15 dollars **for** it.

10

I **paid** 3,000 won **for** shipping.

03 대화 적용하기

다음 우리말을 영어로 말해보세요.

BANANA TALK

Christine: Excuse me, is this the right one?

Jake: You ordered a latte, right?

Christine: No, 전 아메리카노 달라고 했는데요.

Jake: I'm so sorry. Let me *fix that.

Christine: 도움 감사해요.

Jake: It's no problem at all.

*fix (음식을) 준비하다, 바로잡다

03

🔊 다음 우리말을 영어로 말해보세요.

🍌 BANANA TALK 🍌

Christine
그런데요, 이게 맞는 건가요?

Jake
라떼 시키셨죠? 그렇죠?

Christine
아뇨. I asked you for an Americano.

Jake
정말 죄송합니다. 다시 해드릴게요.

Christine
Thank you for your help.

Jake
아닙니다.

듣고 받아적기

음원을 듣고 빈칸을 채워보세요.

Sunny, [1]  the sunshine bouquet
써니, 햇빛 꽃다발 정말 고마워요

Sunny, [1] the love you've brought my way
써니, 내 앞에 가져다 준 사랑에 감사해요

You gave to me your all and all
당신은 내게 모든 걸 줬어요

Now I feel ten feet tall
지금 난 키가 10피트는 커진 것 같아요

Oh, Sunny One so true
오, 써니, 진심이에요

I love you
당신을 사랑해요

1, 2 thank you for

05
표현 정리하기

 바로바로 나올 때까지 반복해보세요.

01 그에게 물 한 잔 달라고 했어.

02 그에게 길을 물어봤어.

03 그 사람한테 잔돈 좀 달라고 했어.

04 시간 내줘서 고마워.

05 와줘서 고마워.

06 태워줘서 고마워.

07 수고해줘서 고마워.

08 차 사는 데 현찰 줬어.

09 그거 사는 데 15달러 줬어.

10 배송료로 3,000원 냈어.

UNIT 14

그 사람이 길 가르쳐줬어.
He showed me the way.

01

기본구조 파악하기

I'll give you a hint.와 같이 동사 뒤에 두 개의 목적어 명사가 나오는 문형에서 첫 번째는 간접목적어(~에게)이고 두 번째는 직접목적어(~을)예요. 이렇게 보통 목적어 명사 두 개를 달고 다니는 동사에는 대표적으로 buy, teach, show, make, send, give, bring, ask, tell, lend 등이 있는데요, 대개 우리말 어미가 '~(해)주다'로 끝난다는 공통점이 있습니다.

주어	동사	명사	명사
He	showed	me	the way

He showed me the way.

🔊 다음 우리말을 영어로 말해보세요. 🎧

1 그 사람이 나한테 전화했어.   He ____ a call.

2 그 사람이 나한테 술 사줬어.   He ____ a drink.

3 그 사람이 나한테 한 수 가르쳐 줬어.   He ____ a lesson.

4 그 사람이 나한테 저녁 맛있게 해줬어.   He ____ a nice dinner.

5 그 사람이 나한테 문자 메시지 보냈어.   He ____ a text message.

1 gave me 2 bought me 3 taught me 4 made me 5 sent me

02 집중 훈련하기

🔊 다음 우리말을 영어로 말해보세요.

01 그 사람이 (값을) 깎아줬어.
He **gave** me _____.

02 그 사람이 중고차를 한 대 사줬어.
He **bought** me _____.

03 그 사람이 읽는 법을 가르쳐 줬어.
He **taught** me _____.

04 그 사람이 다른 걸로 보여줬어.
He **showed** me _____.

05 그 사람이 나랑 약속을 했어.
He **made** me _____.

02

 다음을 소리내어 말해보세요.

01
He **gave** me a discount.

02
He **bought** me a secondhand car.

03
He **taught** me how to read.

04
He **showed** me another one.

05
He **made** me a promise.

02

🔊 다음 우리말을 영어로 말해보세요. 🎧

06 그 사람이 사진 보내줬어.
He **sent** me _____.

07 그 사람이 편지 읽어줬어.
He **read** me _____.

08 그 사람이 질문 몇 가지 했어.
He **asked** me _____.

09 그 사람이 진실을 말해줬어.
He **told** me _____.

10 그 사람이 10달러 꿔줬어.
He **lent** me _____.

02

🔊 다음을 소리내어 말해보세요.

06
He **sent** me the picture.

07
He **read** me the letter.

08
He **asked** me a few questions.

09
He **told** me the truth.

10
He **lent** me 10 bucks.

03 대화 적용하기

🔊 다음 우리말을 영어로 말해보세요. 🎧

🍌 BANANA TALK 🍌

Christine: Hey, 나한테 문자 보냈어?

Jake: Yes, I need to reschedule our meeting.

Christine: Again?

Jake: 팀장이 또 일을 줬어.

Christine: In that case, how about Friday?

Jake: Sure, that should *work. Thanks!

*work 효과가 있다, 작용하다

🔊 다음 우리말을 영어로 말해보세요.

BANANA TALK

Christine: 저기, did you send me a text?

Jake: 응. 회의 일정을 다시 잡아야겠어.

Christine: 또?

Jake: My boss gave me more work.

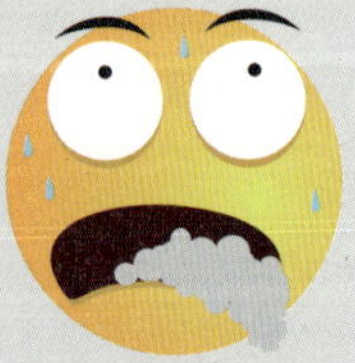

Christine: 그러면 금요일은 어때?

Jake: 좋아. 괜찮을 거 같아. 고마워.

04

듣고 받아적기

 음원을 듣고 빈칸을 채워보세요.

Last Christmas, 1 _____
지난 크리스마스에 난 당신에게 내 마음을 전했죠

But the very next day, you gave it away
하지만 바로 다음 날 당신은 그 마음을 버렸어요

This year, to save me from tears
올해는 눈물 흘리지 않기 위해

2 _____
특별한 누군가에게 내 마음을 줄 거예요

Vocabulary

- **the very next day** 바로 다음 날
- **give away** 버리다, 거저 주다
  I don't sell it. I give it away. 파는 거 아닌데. 그냥 줄게.
- **save A from B** A를 B에서 구하다
  Dear God, save us from sin. 신이시여. 우리를 죄에서 구하소서.

---

1 I gave you my heart 2 I'll give it to someone special

05 표현 정리하기

 바로바로 나올 때까지 반복해보세요.

01 그 사람이 (값을) 깎아줬어.

02 그 사람이 중고차를 한 대 사줬어.

03 그 사람이 읽는 법을 가르쳐 줬어.

04 그 사람이 다른 걸로 보여줬어.

05 그 사람이 나랑 약속을 했어.

06 그 사람이 사진 보내줬어.

07 그 사람이 편지 읽어줬어.

08 그 사람이 질문 몇 가지 했어.

09 그 사람이 진실을 말해줬어.

10 그 사람이 10달러 꿔줬어.

UNIT 15

술 끊었어.
I stopped drinking.

기본구조 파악하기

동명사란 동사 뒤에 -ing를 붙여 명사 역할을 하게 만든 것인데, 우리말로 치자면 '~하다'를 '~하기'로 바꾼 것과 같아요. 문장의 동사와 헷갈리지 않게 하려는 장치인 셈이죠. 대표적으로는 동사 stop, enjoy, keep 뒤에 이런 동명사가 옵니다. 뒤에 to부정사가 오는 동사들이 미래의 일을 나타낸다면 동명사를 취하는 동사들은 경험적인 일을 나타낸다는 차이점이 있습니다.

주어	동사	v-ing
I	stopped	drinking

I stopped drinking.

 다음 우리말을 영어로 말해보세요.

1 꿈 깨.　　　　　　　☐ dreaming.

2 나 혼자 있는 거 좋아해.　I ☐ being alone.

3 나 연속극 즐겨 봐.　　 I ☐ watching soap operas.

4 계속 밀어.　　　　　 ☐ pushing.

5 얘기 계속해 봐.　　　 ☐ talking.

1 Stop 2 enjoy 3 enjoy 4 Keep 5 Keep

02 집중 훈련하기

🗣️ 다음 우리말을 영어로 말해보세요. 🎧

01 다리 좀 그만 떨어.
Stop _____.

02 코 좀 그만 파.
Stop _____.

03 애 취급 좀 그만 해.
Stop _____.

04 작년에 일 그만 뒀어.
I stopped _____.

05 그와 일하는 걸 좋아해.
I enjoy _____.

Unit 15 153

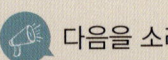 다음을 소리내어 말해보세요.

01

Stop shaking your legs.

02

Stop picking your nose.

03

Stop treating me like a baby.

04

I **stopped** working last year.

05

I **enjoy** working with him.

02

다음 우리말을 영어로 말해보세요.

06 난 내기 바둑 즐겨 둬.
I enjoy _____.

07 자전거 타는 걸 좋아해.
I enjoy _____.

08 이야기 나눠 즐거웠어.
I enjoyed _____.

09 막차를 자꾸 놓쳐.
I keep _____.

10 딸꾹질이 자꾸 나.
I keep _____.

02

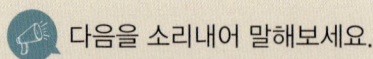 다음을 소리내어 말해보세요.

06
I **enjoy** playing *Baduk* for money.

07
I **enjoy** riding a bike.

08
I **enjoyed** talking to you.

09
I **keep** missing the last train.

10
I **keep** hiccupping.

03 대화 적용하기

다음 우리말을 영어로 말해보세요.

🍌 BANANA TALK 🍌

Jake: Hey, do you want to have some beer after work?

Christine: I can't. 술 끊었어.

Jake: What! Come on, you're kidding.

Christine: I'm serious. It's my *new year's resolution.

Jake: What will you do after work now?

Christine: Well, 난 요가를 즐겨 해.

*new year's resolution 새해 결심

다음 우리말을 영어로 말해보세요.

🍌 BANANA TALK 🍌

Jake: 저기, 일 끝나고 맥주 마실까?

Christine: 안 돼. I stopped drinking.

Jake: 뭐? 왜 그래. 농담 마.

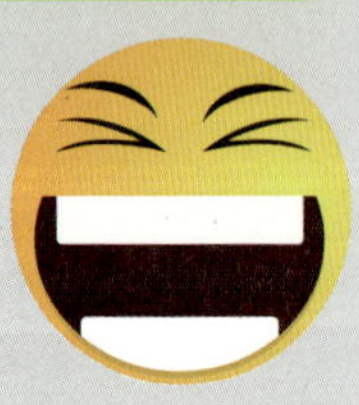

Christine: 진짜야. 내 새해 결심이라고.

Jake: 퇴근하고 뭐 하려고?

Christine: 음, I enjoy doing yoga.

듣고 받아적기

 음원을 듣고 빈칸을 채워보세요.

You and I go hard at each other like we're going to war

너랑 난 서로 힘들게 가지 마치 전쟁터에 나가듯이

You and I go rough, ¹
and ²

너랑 난 거칠게 가지, 계속 뭔가를 던지고 문을 쾅쾅 닫으면서

You and I get so damn dysfunctional
³

너랑 난 제대로 틀어졌어. 이젠 따지지도 않지

You and I get sick, yeah I know that we can't do this no more

너랑 난 질려버렸어, 그래 우린 이거 더 이상은 할 수 없다는 걸 알아

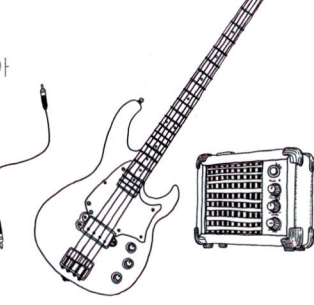

Vocabulary

- **rough** 거친
- **slam the door** 문을 쾅 닫다
- **dysfunctional** 제대로 기능하지 않는, 고장난
- **keep score** 점수를 매기다, 따지다
- **sick** 넌더리나는, 지긋지긋한

1 we keep throwing things 2 slamming the doors 3 We stopped keeping score

05
표현 정리하기

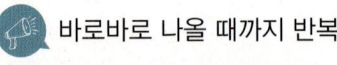 바로바로 나올 때까지 반복해보세요.

01 다리 좀 그만 떨어.

02 코 좀 그만 파.

03 애 취급 좀 그만 해.

04 작년에 일 그만 뒀어.

05 그와 일하는 걸 좋아해.

06 난 내기 바둑 즐겨 둬.

07 자전거 타는 걸 좋아해.

08 이야기 나눠 즐거웠어.

09 막차를 자꾸 놓쳐.

10 딸꾹질이 자꾸 나.

UNIT 16

하루 종일 자고 싶어.
I want to sleep all day.

01

기본구조 파악하기

우리말은 동사를 명사로 바꿀 때 '~하다'를 '~하기'로 바꾸죠? 바로 이 '~하기'에 해당하는 것이 영어에서는 동명사와 to부정사입니다. 어떨 때 to부정사를 쓰고, 어떨 때 동명사를 쓰는지는 동사에 달려있어요. 경험적인 일을 나타내는 동명사에 비해 to부정사는 미래적인 일에 쓰는데, 뭔가를 하기를 원하고, 할 일을 잊어버리고, 할 일을 결정하듯이 미래의 일과 관련된 동사 want, forget, decide에 to부정사를 씁니다.

| 주어 | 동사 | to-v |
| I | want | to sleep all day. |

I want to sleep all day.

🔊 다음 우리말을 영어로 말해보세요. 🎧

1 외식하고 싶어.　　　　　　　I _____ eat out.

2 깜빡하고 핸드폰 안 가져왔어.　I _____ bring my cell phone.

3 깜빡하고 개 밥 안 줬어.　　　I _____ feed the dog.

4 나 떠나기로 했어.　　　　　　I _____ leave.

5 나 운동하기로 했어.　　　　　I _____ exercise.

---

1 want to 2 forgot to 3 forgot to 4 decided to 5 decided to

집중 훈련하기

다음 우리말을 영어로 말해보세요.

01 카페 하나 하고 싶어.
I want to _____ .

02 네게 고맙다고 말하고 싶어.
I want to _____ .

03 집에 있고 싶어.
I want to _____ .

04 만원 이하로 하고 싶어요.
I want to _____ .

05 깜빡하고 가스 밸브 안 잠갔네.
I forgot to _____ .

02

 다음을 소리내어 말해보세요.

01
I **want to** run a café.

02
I **want to** say thank you.

03
I **want to** stay home.

04
I **want to** stay under 10,000 won.

05
I **forgot to** close the gas valve.

02

🔊 다음 우리말을 영어로 말해보세요. 🎧

06 깜빡하고 문 안 잠갔어.
I forgot to _____.

07 깜빡하고 휴대폰 충전 안 했어.
I forgot to _____.

08 깜빡하고 면도 안 했어.
I forgot to _____.

09 그녀에게 데이트 신청하기로 했어.
I decided to _____.

10 나 하루 쉬기로 했어.
I decided to _____.

02

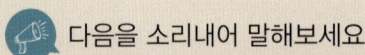 다음을 소리내어 말해보세요.

06

I **forgot to** lock the door.

07

I **forgot to** charge my cell phone.

08

I **forgot to** shave.

09

I **decided to** ask her out.

10

I **decided to** take a day off.

03 대화 적용하기

🔊 다음 우리말을 영어로 말해보세요. 🎧

🍌 BANANA TALK 🍌

Christine
다음 달에 시애틀 가고 싶어.

😎

Jake
Oh, that's my hometown!

Christine
Oh yeah, 너한테 물어본다는 걸 까먹었네.

Jake
Well, would you like some tips?

Christine
Sure, where's the best place to eat?

Jake
Pike Place Market has really great *stuff.

*stuff 물건, ~것

03

다음 우리말을 영어로 말해보세요.

🍌 BANANA TALK 🍌

Christine
I want to visit Seattle next month.

Jake
아, 거기 내 고향인데.

Christine
아, 맞다. I forgot to ask you.

Jake
정보 좀 줄까?

Christine
응. 어디 가면 가장 맛있는 걸 먹을 수 있지?

Jake
파이크 플레이스 마켓에 정말 좋은 게 많아.

04

듣고 받아적기

 음원을 듣고 빈칸을 채워보세요.

1 _____ run to you
당신에게 달려 가고 싶어요

2 _____ run to you
당신에게 달려 가고 싶어요

Won't you hold me in your arms
당신 품에 날 안고

And keep me safe from harm?
위험에서 날 안전하게 지켜 주지 않을 건가요?

3 _____ run to you
당신에게 달려 가고 싶어요

But if I come to you
내가 당신에게 가면

Tell me will you stay
말해줘요, 머물러 줄 건지

Or will you run away?
아니면 내게서 멀어질 건지요

Vocabulary

- **hold A in one's arms** ~를 품에 안다
- **keep A safe from harm** A를 위험에서 지키다
- **run away** 도망가다, 멀어지다

1, 2, 3 I want to

05
표현 정리하기

 바로바로 나올 때까지 반복해보세요.

01 카페 하나 하고 싶어.

02 네게 고맙다고 말하고 싶어.

03 집에 있고 싶어.

04 만원 이하로 하고 싶어요.

05 깜빡하고 가스 밸브 안 잠갔네.

06 깜빡하고 문 안 잠갔어.

07 깜빡하고 휴대폰 충전 안 했어.

08 깜빡하고 면도 안 했어.

09 그녀에게 데이트 신청하기로 했어.

10 나 하루 쉬기로 했어.

UNIT 17

조용히 좀 해.
I want you to be quiet.

기본구조 파악하기

I want to-v는 말하는 나 자신이 무엇을 하고 싶다는 뜻이지만 I want you to-v는 무엇을 하는 주체가 내가 아닌 '너'일 경우에 씁니다. 우리말로는 '(너) ~ 좀 해' 또는 '(네가) ~좀 해주면 좋겠어'의 의미가 되는데 명령문보다는 약간 부드럽다고 볼 수 있죠. (격식을 갖춰야 하는 사이에서는 I'd like you to-v를 씁니다.) I told you to-v는 '내가 너에게 ~하라고 말했잖아'의 의미로 이전에 했던 말을 다시 한 번 상기시킬 때 쓰는 말입니다.

| 주어 | 동사 | 명사 | to-v |
| I | want | you | to be quiet. |

I want you to be quiet.

 다음 우리말을 영어로 말해보세요.

1 그렇다고 말해 줘.　　　　　　　say yes.

2 잠깐 들러 줘.　　　　　　　　 stop by.

3 그냥 무시해버리랬잖아.　　　　ignore it.

4 검색해보랬잖아.　　　　　　　google it.

5 걔 믿지 말랬잖아.　　　　　　 trust him.

---

1 I want you to 2 I want you to 3 I told you to 4 I told you to 5 I told you not to

02

집중 훈련하기

🔊 다음 우리말을 영어로 말해보세요. 🎧

01 네가 행복했으면 해.
I want you to _____ .

02 이걸 알아줬으면 해.
I want you to _____ .

03 이거 내일까지 끝내줬으면 해.
I want you to _____ .

04 공항으로 마중 나와 줘.
I want you to _____ .

05 나한테 이메일 보내줘.
I want you to _____ .

02

 다음을 소리내어 말해보세요.

01
I want you to be happy.

02
I want you to know this.

03
I want you to finish this by tomorrow.

04
I want you to meet me at the airport.

05
I want you to email me.

02

🔊 다음 우리말을 영어로 말해보세요. 🎧

06 좌회전하랬잖아.
I told you to _____.

07 내가 청소하랬잖아.
I told you to _____.

08 아래층에서 기다리랬잖아.
I told you to _____.

09 그거 껍질 벗기지 말랬잖아.
I told you not to _____.

10 음주 운전하지 말랬잖아.
I told you not to _____.

02

 다음을 소리내어 말해보세요.

06
I told you to turn left.

07
I told you to clean up.

08
I told you to wait downstairs.

09
I told you not to peel it.

10
I told you not to drink and drive.

03 대화 적용하기

다음 우리말을 영어로 말해보세요.

BANANA TALK

Jake: Hey, 내가 12시에 만나자고 했잖아.

Christine: Sorry! I totally forgot.

Jake: Where are you anyway?

Christine: Coming down the elevator now.

Jake: Okay. 서둘러 줘.

Christine: I'm coming as fast as I can!

🔊 다음 우리말을 영어로 말해보세요.

🍌 BANANA TALK 🍌

Jake: 이봐, I told you to meet at 12!

Christine: 미안! 완전 깜빡 잊고 있었어.

Jake: 아무튼, 지금 어디야?

Christine: 지금 엘리베이터 타고 내려가고 있어.

Jake: 알았어. I want you to hurry.

Christine: 지금 최대한 빨리 내려가고 있어.

04

듣고 받아적기

 음원을 듣고 빈칸을 채워보세요.

Baby, won't you tell me why
그대여, 이유를 말해주지 않을래요?
there is sadness in your eyes
당신 눈에 슬픔이 고여있는 이유를
I don't want to say goodbye to you
당신에게 안녕을 고하고 싶지 않아요
Love is one big illusion I should try to forget
사랑은 크나큰 하나의 환상이기에 난 잊으려 애쓰지만
But there is something left in my head
머리 속엔 아직도 남아있는 게 있어요

You're the one who set it up
당신이 먼저 시작했는데
Now you're the one to make it stop
이제는 당신이 그만두려 하는군요
I'm the one who's feeling lost right now
지금 방황하고 있는 사람은 바로 나예요
Now ¹ _____ every little thing you said
당신은 내게 했던 모든 말들을 잊으라 하지만
But there is something left in my head
내 머리 속에는 뭔가가 남아 있어요

Vocabulary

- **tell me why ~** ~의 이유를 내게 말해라
- **illusion** 환상
- **set up** (무엇을 어디에) 세우다, 시작하다
  He set up as a marketer in the company. 그는 회사에서 마케터로 일을 시작했다.

---

1 you want me to forget

05 표현 정리하기

 바로바로 나올 때까지 반복해보세요.

01 네가 행복했으면 해.

02 이걸 알아줬으면 해.

03 이거 내일까지 끝내줬으면 해.

04 공항으로 마중 나와 줘.

05 나한테 이메일 보내줘.

06 좌회전하랬잖아.

07 내가 청소하랬잖아.

08 아래층에서 기다리랬잖아.

09 그거 껍질 벗기지 말랬잖아.

10 음주 운전하지 말랬잖아.

UNIT 18

그녀는 날 웃게 해.
She makes me smile.

기본구조 파악하기

문법용어 중에 사역동사란 말 들어보셨나요? 문장의 주어가 스스로 행하지 않고 남에게 그 행동을 하게 하는 동사란 뜻입니다. 그래서 사역동사 make나 let은 뒤에 나온 명사(목적어)를 시켜서 이 명사 뒤에 나오는 어떤 동작을 하게 하거나 어떤 상태가 되게 한다는 뜻으로 쓰입니다. 동사가 나올 경우엔 to-v가 아니라 동사원형이 와야 한다는 규칙은 각종 시험에 나오는 단골 문제이기도 해요. She makes me **to smile**. (X)

주어	동사	명사	동사원형[또는 형용사]
She	makes	me	smile.
			happy.

She makes me smile.

🔊 다음 우리말을 영어로 말해보세요. 🎧

1 그 사람이 날 거짓말하게 시켰어. He _____ lie.

2 그 사람이 내게 알려줬어. He _____ know.

3 그 사람이 나를 그냥 보내줬어. He _____ go.

4 그 사람이 이번에 나 눈감아줬어. He _____ slide this time.

5 그 사람이 모자를 써보게 해줬어. He _____ wear the hat.

1 made me 2 let me 3 let me 4 let me 5 let me

02 집중 훈련하기

🔊 다음 우리말을 영어로 말해보세요. 🎧

01
그거 때문에 기분이 좋아져.
It **makes** me _____.

02
그거 때문에 기분이 나아졌어.
It **made** me _____.

03
그거 때문에 땀 나.
It **makes** me _____.

04
그거 때문에 기침 나.
It **makes** me _____.

05
그거 때문에 근질거려.
It **makes** me _____.

02

 다음을 소리내어 말해보세요.

01 It **makes** me feel good.

02 It **made** me feel better.

03 It **makes** me sweat.

04 It **makes** me cough.

05 It **makes** me itchy.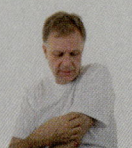

02

🔊 다음 우리말을 영어로 말해보세요. 🎧

06
10분간 끓게 놔둬.
Let it _____ .

07
밤새 마르게 놔둬.
Let it _____ .

08
밖에서 식게 놔 둬.
Let it _____ .

09
다시는 이런 일 없도록 해.
Don't **let** it _____ .

10
그거 너무 신경쓰지 마.
Don't **let** it _____ .

02

🔊 다음을 소리내어 말해보세요.

06
Let it boil for 10 minutes.

07
Let it dry overnight.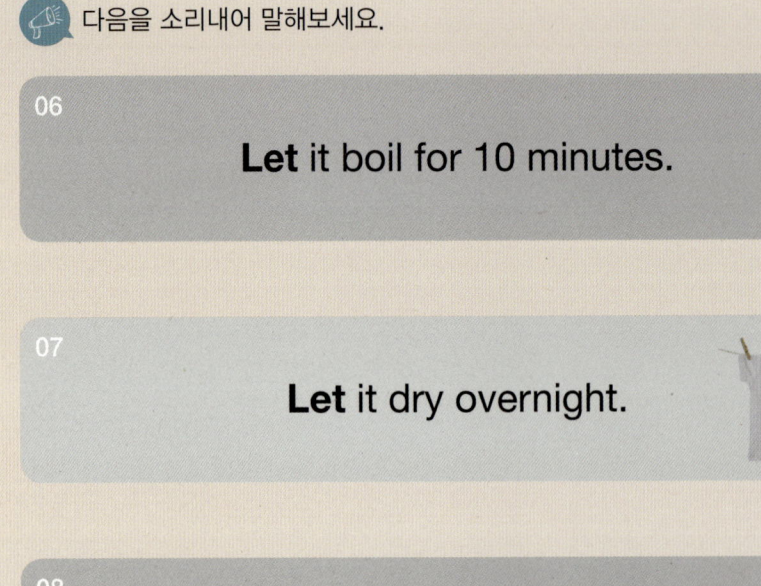

08
Let it cool outside.

09
Don't **let** it happen again.

10
Don't **let** it bother you.

03 대화 적용하기

다음 우리말을 영어로 말해보세요.

🍌 BANANA TALK 🍌

Christine: You're going home already?

Jake: 팀장이 오늘 일찍 집에 가게 해줬어.

Christine: *How come?

Jake: I have the *flu.

Christine: I thought so. You don't look so good.

Jake: 그것 때문에 종일 기침을 했어.

*why?와 같은 뜻 *flu 독감

다음 우리말을 영어로 말해보세요.

🍌 BANANA TALK 🍌

Christine: 벌써 집에 가?

Jake: My boss let me go early today.

Christine: 왜?

Jake: 나 독감 걸렸어.

Christine: 그런 줄 알았어. 너 안 좋아 보인다.

Jake: It made me cough all day.

04 듣고 받아적기

 음원을 듣고 빈칸을 채워보세요.

1 _____ , 2 _____
다 잊어버려. 모두 잊어버려

Can't hold it back anymore
더 이상은 숨길 수 없어

3 _____ , 4 _____
다 잊어, 다 잊어

Turn away and slam the door
뒤돌아서서 문을 닫아

I don't care what they're going to say
그들이 뭐라고 하든지 신경쓰지 않아

5 _____
폭풍아 몰아쳐라

The cold never bothered me anyway
추위는 날 괴롭히지 못했으니까

Vocabulary

- **hold back** 억제하다, 비밀로 하다
  I tried to hold back my tears. 눈물을 참아보려고 했어.
- **turn away** 외면하다, 돌아서다
  Don't turn away from the truth. 진실을 외면하지 마.
- **slam the door** 문을 쾅하고 닫다
- **I don't care.** 난 상관 없어.
- **rage on** (폭풍 등이) 기세를 펼치다
- **bother** 신경쓰이게 하다, 괴롭히다
  Stop bothering me. 귀찮게 좀 하지 마.

1, 3 Let it go 2, 4 let it go 5 Let the storm rage on

05
표현 정리하기

 바로바로 나올 때까지 반복해보세요.

01 그거 때문에 기분이 좋아져.

02 그거 때문에 기분이 나아졌어.

03 그거 때문에 땀 나.

04 그거 때문에 기침 나.

05 그거 때문에 근질거려.

06 10분간 끓게 놔둬.

07 밤새 마르게 놔둬.

08 밖에서 식게 놔 둬.

09 다시는 이런 일 없도록 해.

10 그거 너무 신경쓰지 마.

UNIT 19

그는 술 마실 때마다,

Every time he drinks,

01
기본구조 파악하기

〈when+주어+동사〉는 '~가 ~할 때', 〈every time +주어+동사〉는 '~가 ~할 때마다'의 의미로 시간 정보를 나타내고 〈as long as+주어+동사〉는 '~가 ~하는 한'이란 뜻으로 조건을 나타냅니다. 보통은 이 〈주어+동사〉 뒤에 콤마(,)를 사이에 두고 또 다른 〈주어+동사〉가 따라 나오기 때문에 when과 every time을 두 개의 〈주어+동사〉를 연결하는 접속사라고 불러요.

| 접속사 | 주어+동사~ | , | 주어+동사~ |
| Every time | he drinks | | he falls asleep. |

Every time he drinks, he falls asleep

 다음 우리말을 영어로 말해보세요. 🎧

1 내가 어렸을 때 ~   I was a child, ~
2 내가 그 소식을 들었을 때 ~   I heard the news, ~
3 내가 전화 받을 때마다 ~   I answer the phone, ~
4 내가 살아있는 한 ~   I am alive, ~
5 깨끗하게만 쓴다면 ~   you keep it clean, ~

1 When 2 When 3 Every time 4 As long as 5 As long as

집중 훈련하기

🔊 다음 우리말을 영어로 말해보세요. 🎧

01 나는 밤에 잘 때 ~
When _____, ~

02 나는 아침에 일어날 때 ~
When _____, ~

03 나는 고등학교 다닐 때 ~
When _____, ~

04 나는 세차할 때마다 ~
Every time _____, ~

05 나는 거울 볼 때마다 ~
Every time _____, ~

02

 다음을 소리내어 말해보세요.

01
When I sleep at night, ~

02
When I wake up in the morning, ~

03
When I was in high school, ~

04
Every time I wash my car, ~

05
Every time I look in the mirror, ~

02

🔊 다음 우리말을 영어로 말해보세요. 🎧

06 전화가 울릴 때마다 ~
Every time ⬜ , ~

07 가격이 적당하기만 하다면 ~
As long as ⬜ , ~

08 너만 괜찮다면 ~
As long as ⬜ , ~

09 네가 돈을 내기만 한다면 ~
As long as ⬜ , ~

10 우리가 함께 있는 한 ~
As long as ⬜ , ~

02

 다음을 소리내어 말해보세요.

06
Every time the phone rings, ~

07
As long as the price is reasonable, ~

08
As long as you don't mind, ~

09
As long as you pay, ~

10
As long as we are together, ~

03
대화 적용하기

다음 우리말을 영어로 말해보세요.

03

🔊 다음 우리말을 영어로 말해보세요.

🍌 BANANA TALK 🍌

Christine: 살 빼는 가장 좋은 방법이 뭐야?

Jake: Every time you eat, **drink water.**

Christine: 정말? 그게 도움이 돼?

Jake: As long as you keep at it.

Christine: 맥주는 어때?

Jake: 안돼. 물이어야 해.

04 듣고 받아적기

 음원을 듣고 빈칸을 채워보세요.

But, ¹_____, do I look okay? I say
그녀가 "나 어때요?"라고 물어볼 때마다, 나는 말해

²_____, there's not a thing that
I would change.
당신 얼굴을 볼 때 바꾸고 싶은 건 단 한 군데도 없어

Cause you're amazing just the way you are
왜냐면 당신은 정말 놀랍도록 아름다우니까 지금 모습 그대로도

And ³_____, the whole world
stops and stares for a while
당신이 웃을 땐 온 세상이 멈추고 한동안 당신을 바라 봐

Cause girl you're amazing just the way you are
왜냐면 당신은 정말 놀랍도록 아름다우니까 지금 모습 그대로도

Vocabulary

● **Just the way you are** 지금 그대로
　Sorry, but it's just the way it is. 미안, 그게 원래 그래.
● **stare** 쳐다보다, 응시하다
　She screamed and everybody stared. 그녀가 소리지르자 모두가 쳐다봤다.
● **for a while** 잠시 동안
　I want to lie down for a while. 잠시 눕고 싶어요.

---

1 every time she asks me　2 When I see your face　3 When you smile

05 표현 정리하기

 바로바로 나올 때까지 반복해보세요.

01 나는 밤에 잘 때 ~

02 나는 아침에 일어날 때 ~

03 나는 고등학교 다닐 때 ~

04 나는 세차할 때마다 ~

05 나는 거울 볼 때마다 ~

06 전화가 울릴 때마다 ~

07 가격이 적당하기만 하다면 ~

08 너만 괜찮다면 ~

09 네가 돈을 내기만 한다면 ~

10 우리가 함께 있는 한 ~

UNIT 20

그 사람 다리가 부러졌다고 들었어.
I heard he broke his leg.

기본구조 파악하기

I heard the news.처럼 목적어 자리에는 보통 명사가 오지만 이 명사 자리에 I heard (that) he died.처럼 〈주어+동사〉가 있는 명사절이 올 때도 있습니다. 주로 hear, think, know 같은 동사가 이런 구조를 취합니다. that은 앞에 나온 〈주어+동사〉와 뒤에 나온 〈주어+동사〉를 이어주는 역할을 하기 때문에 문법용어로 접속사라고 부르고 별다른 의미가 없어 생략이 가능합니다.

주어+동사	(접속사) 주어+동사
I heard	(that) he broke his leg.

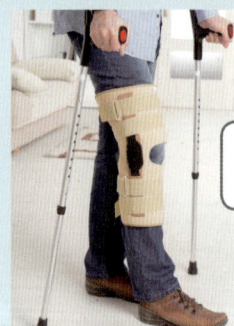

I heard he broke his leg.

다음 우리말을 영어로 말해보세요.

1 너 교통사고 났다고 들었어. _____ you had a car accident.

2 회사를 그만뒀다고 들었어. _____ you left the company.

3 그건 상관없을 줄 알았어. _____ it didn't matter.

4 그게 내 것인 줄 알았어. _____ it was mine.

5 우리가 친구라고 생각했어. _____ we were friends.

1 heard 2 heard 3 thought 4 thought 5 thought

02 집중 훈련하기

🔊 다음 우리말을 영어로 말해보세요. 🎧

01
갸네 헤어졌다고 들었어.
I heard _____.

02
그 영화 곧 개봉된다고 들었어.
I heard _____.

03
그가 Dell에 다닌다고 들었어.
I heard _____.

04
네가 집 알아본다고 들었어.
I heard _____.

05
그 사람 돈 많다고 들었어.
I heard _____.

02

 다음을 소리내어 말해보세요.

01
I heard they broke up.

02
I heard the movie is coming out soon.

03
I heard he works for Dell.

04
I heard you're looking for a house.

05
I heard he is rich.

02

다음 우리말을 영어로 말해보세요.

06 너 일하러 간 줄 알았어.
I thought _____.

07 네가 집에 없는 줄 알았어.
I thought _____.

08 뭔가 잘못된 줄 알았어.
I thought _____.

09 네가 많아야 서른이라고 생각했어.
I thought _____.

10 난 그녀가 성형 수술한 줄 알았어.
I thought _____.

02

 다음을 소리내어 말해보세요.

06
I thought you left for work.

07
I thought you weren't home.

08
I thought something was wrong.

09
I thought you were 30 at most.

10
I thought she got plastic surgery.

03 대화 적용하기

다음 우리말을 영어로 말해보세요.

BANANA TALK

Christine: Have you seen the new Leonardo DiCaprio film?

Jake: No, not yet.

Christine: 꽤 괜찮다고 들었어.

Jake: What kind of movie is it?

Christine: It's a romantic comedy.

Jake: Really? 레오나르도 디카프리오는 코미디는 안 하는 줄 알았는데.

03

🔊 다음 우리말을 영어로 말해보세요.

BANANA TALK

Christine: 새로 나온 레오나르도 디카프리오 영화 봤어?

Jake: 아니, 아직.

Christine: I heard it's really good.

Jake: 어떤 종류의 영화야?

Christine: 로맨틱 코미디야.

Jake: 정말? I thought Leonardo DiCaprio didn't do comedies.

04

듣고 받아적기

 음원을 듣고 빈칸을 채워보세요.

1 _____ you're settled down
당신이 정착했다고 들었어요

That you found a girl and you're married now
한 여자를 찾아서 지금 결혼했다고

2 _____ your dreams came true
당신 꿈들이 이루어졌다고 들었어요

Guess she gave you things I didn't give to you
그녀는 내가 당신에게 주지 못했던 것들을 주었나 보네요

Vocabulary

- **settle down** (한 곳에 자리잡고) 정착하다
  It's time for you to settle down and start a family.
  이제 정착해서 가정을 꾸릴 때도 됐어.
- **come true** 실현되다, 이루어지다

1, 2. I heard that

05 표현 정리하기

 바로바로 나올 때까지 반복해보세요.

01 걔네 헤어졌다고 들었어.

02 그 영화 곧 개봉된다고 들었어.

03 그가 Dell에 다닌다고 들었어.

04 네가 집 알아본다고 들었어.

05 그 사람 돈 많다고 들었어.

06 너 일하러 간 줄 알았어.

07 네가 집에 없는 줄 알았어.

08 뭔가 잘못된 줄 알았어.

09 네가 많아야 서른이라고 생각했어.

10 난 그녀가 성형 수술한 줄 알았어.

POCKET CAMPUS

원하는 강의만 골라 담자! 들고 다니는 나만의 캠퍼스

▶ **학습과정**

외국어는 물론, 학습자들이 글로벌 시대에 갖춰야 할 취업, 인문학, IT, 리더십 등 다양한 지식을 쌓는 캠퍼스로 성장 할 것입니다.

▶ **Pocket Campus의 특징**

· **합리적인 가격**
강좌당 1만원 안팎의 저렴한 비용으로 학습하실 수 있습니다. 또한 원하는 과정을 장바구니에 담아 자신만의 강좌를 들을 수 있습니다.

· **다양한 커리큘럼**
HiEnglish 전용교재를 학습할 수 있도록 자체 개발한 모바일 강좌이기에 교재와 함께 학습하기에 최적화 되어 있습니다.

· **부담없는 학습분량**
한 강좌에 15분 정도 분량이기 때문에 수업에 대한 부담이 없습니다. 동영상 강의를 듣는 학습자들의 학습패턴을 분석하여 적당한 학습 분량을 나누어 구성하였습니다.

 HiEnglish 모바일 학습사이트 포켓캠퍼스   www.pocketcampus.co.kr

외국어, **누구랑 하십니까?**

대한민국 유일
국내거주 외국인 강사

시차가 없기에
한국을 알기에
만날 수 있기에

기업체 외국어
출강교육 1위!
하이잉글리쉬가 만든
전화외국어

ON & OFF
하이콜링

☑ 1위의 노하우
전화외국어의 고질적인 문제는, 현지거주 외국인 강사 관리의 한계.
오직 하이콜링에서만, 국내 거주 외국인 강사를 1:1로만난다!

☑ 1위의 전문성
하이잉글리쉬가 특화한 비즈니스 말하기 능력테스트 (TOSEB)로 점검하고, 4단계 학습법 PICS러닝으로 예습부터 복습까지 철저하게!

☑ 1위의 체계성
한국인이 외국어를 배울 때 드러나는 취약점을 완전 보강한 자체 개발교재.
기초회화부터 비즈니스영어, 토익, 오픽까지 - 체계적이라 다르다!

전화외국어 신청문의 Tel. 070-7169-0730   메일상담 hicalling2@hienglish.com
주소 서울시 마포구 홍익로 5안길 8 하이잉글리쉬 본사 3층 하이콜링

고농축 영어표현 훈련서

잉글리시 엑스프레소
English Expresso

잉글리시 엑스프레소 시리즈는 에스프레소처럼 진하게 상황 및 주제별로 꼭 알아야 할 핵심 영어 표현들을 익힐 수 있는 영어회화 시리즈이다. 대화 상황에서 빈번히 쓰이지만 막상 영어로 말하려면 잘 안 나오는 표현들로 가득 차 있다. 성인학습자들은 이미 굳어진 모국어 언어체계의 간섭을 받기 때문에 머릿속에 떠오르는 생각은 일단 모국어를 거쳐서 영어로 나온다. 이러한 과정을 그대로 재현하기 위해 한국어를 먼저 본 후 영어 대응 표현을 확인하는 방식으로 구성되었다.

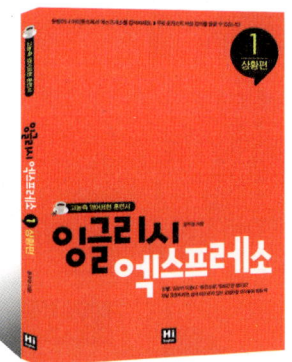

잉글리시 엑스프레소 – 상황편

'선불', '길눈이어둡다', '층간소음', '칼퇴근' 등 정말 궁금하지만, 쉽게 떠오르지 않는 표현만을 모아놓은 상황별 회화교재

저자: 윤주영 페이지: 224쪽 가격: 16,800원

잉글리시 엑스프레소 – 상황편

'추위를 타다', '먹방', '원 플러스 원', '셀카' 등 정말 궁금하지만, 쉽게 떠오르지 않는 표현만을 모아놓은 주제별 회화교재

저자: 윤주영 페이지: 224쪽 가격: 16,800원

무료 팟캐스트 해설 방송
1. www.podbbang.com/ch/10647
2. www.itunes.com에서 '하이잉글리쉬'로 검색

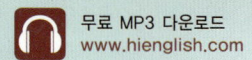 무료 MP3 다운로드
www.hienglish.com

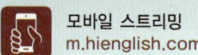 모바일 스트리밍
m.hienglish.com

 팟캐스트
www.podbbang.com

국내 896개 대기업이 채택한 비즈니스 영어 교재

비즈니스 잉글리시 케첩
Business English Catch-up

비즈니스 잉글리시 케첩 시리즈는 오늘의 글로벌 시대에 필요한 커뮤니케이션 능력을 향상시킬 수 있도록 제작한 교재이다. 다양한 비즈니스 환경에서 외국인 파트너의 영어 실력을 케첩(catch-up)하고 자신있게 협력하고 의사소통할 수 있도록 실무에 자주 사용하는 표현과 어휘 중심으로 구성하였으며 읽고, 듣고, 쓰고 말하는 기회를 제공한다.

Negotiation
Negotiation 편은 협상 영어에 중점을 둔 책으로 배경조사부터 계약 체결까지 협상의 모든 단계를 다룬다.

· 저자: 윤주영   · 출간일: 2015년 7월 1일   · 페이지: 192쪽   · 가격: 20,000원

Presentation
Presentation 편은 다양한 프레젠테이션을 영어로 매끄럽게 진행하는데 필요한 발표 전략과 핵심 표현을 실은 책이다.

· 저자: 윤주영   · 출간일: 2015년 7월 1일   · 페이지: 192쪽   · 가격: 20,000원

Meeting
Meeting 편은 외국 파트너들과 회의를 진행할 때 나타날 수 있는 각 시나리오를 다룬다.

· 저자: 윤주영   · 출간일: 2015년 7월 1일   · 페이지: 192쪽   · 가격: 20,000원

Telephoning
Telephoning 편은 주문부터 약속을 잡는 것까지 전화 영어와 관련하여 다양한 상황을 다룬다.

· 저자: 윤주영   · 출간일: 2015년 7월 1일   · 페이지: 192쪽   · 가격: 20,000원

Email
Email 편은 직장에서 자주 쓰는 이메일, 회의록, 계약서 작성법을 다루고 있다.

· 저자: 윤주영   · 출간일: 2015년 7월 1일   · 페이지: 288쪽   · 가격: 20,000원